괭이갈매기도 모르는
독도 이야기

괭이갈매기도 모르는
독도 이야기

초판 1쇄 발행 2018년 10월 25일 | **초판 8쇄 발행** 2024년 9월 20일

지은이 박지환 | **그린이** 허현경

펴낸이 이상훈 | **편집** 한겨레아이들 | **디자인** 나비
마케팅 김한성 조재성 박신영 김효진 김애린 오민정
펴낸곳 (주)한겨레엔 | **출판등록** 2006년 1월 4일 제313-2006-00003호
주소 서울시 마포구 창전로 70 (신수동) 5층 | **전화** 02-6383-1602~3 | **팩스** 02-6383-1610
홈페이지 www.hanibook.co.kr | **이메일** book@hanien.co.kr
ISBN 979-11-6040-201-8 73450

· 이 책의 일부 또는 전부를 재사용하려면 반드시 저작권자와 (주)한겨레엔 양측의 동의를 얻어야 합니다.
· 책값은 뒤표지에 있습니다.
· KC마크는 이 제품이 공통안전기준에 적합하였음을 의미합니다.
⚠ 책 모서리에 다치지 않게 주의하세요.

괭이갈매기도 모르는
독도 이야기

박지환 글 • 허현경 그림

한겨레아이들

머리말

남극보다 흥미롭고 북극보다 소중한 우리 땅 독도

안녕? 내 소개부터 할까? 난 과학 소식을 취재해서 여러 사람들에게 알리는 기자란다.

난 여행을 무척이나 좋아해. 사실 기자가 된 것도, 다양한 사람을 만나고 세계 곳곳을 다니는 게 좋았기 때문이야. 실제로 기자가 된 다음에 아시아, 유럽, 아프리카, 북아메리카, 남아메리카, 오세아니아의 여러 지역, 그리고 남극과 북극에도 다녀왔지.

남극과 북극에 다녀온 지도 벌써 10년이 훌쩍 지났지만 아직도 가끔씩 남극과 북극에서 생활하던 꿈을 꾼단다. 아마도 내가 시골 출신이어서 오염되지 않은 자연 환경을 늘 그리워하나 봐.

내가 여행을 좋아하는 이유는 평소에 접해 보지 못한 새로운 것들을 보고 경험할 수 있기 때문이야. 해외에서 몇 개월씩 머무르며 그곳의 환경과 생활 방식을 체험하는 게 참 즐겁단다. 그런데 한동안 회사에 다니

느라고 좋아하는 여행을 많이 못 다녔어. 회사를 다니면서 자리를 오래 비우기가 쉽지 않았거든.

　몸이 근질근질했던 나는 드디어 여행을 계획했어. 우리나라 땅이지만 아무 때나 쉽게 가 볼 수 없는 곳, 바로 독도야. 어때? 새로운 곳을 찾아 헤매는 나에게 딱 어울리는 곳이지?

　독도는 우리나라 동해 끝자락에 솟아 있는 자그마한 섬이야. 일본이 잊을 만하면 자기네 땅이라고 우기는 곳이지. 하지만 우리도 절대 양보할 수 없는 땅이라는 거, 너희도 알지? 독도 주변 바다에는 엄청나게 많은 천연자원과 수산자원이 있고, 육지에서도 보기 힘든 귀한 동식물이 살고 있단다. 그것 말고도 독도에는 우리가 그동안 몰랐던 여러 가지 비밀이 숨겨져 있어. 궁금하지? 자, 지금부터 함께 남극보다 흥미롭고 북극보다 소중한 우리 땅 독도로 떠나 보자!

차례

머리말 4

남극보다 흥미롭고
북극보다 소중한 우리 땅 독도

1장 독도로 가는 길

뱃멀미로 시작한 여행길   10
울릉도에 도착하다   14
나리분지에서 몽돌해변까지   19

2장 화산섬 독도

감격의 독도 상륙   26
울릉도 동남쪽 뱃길 따라 이백 리   30
아름다운 독도 4경   33
동도와 서도   40
독도의 지형   46
독도의 기후   53
난류와 한류가 만나는 곳   55
독도일보 ▶ 독도의 자원   58

3장 독도의 생태계

생명의 보물 창고, 독도　62
독도의 식물　66
독도의 조류와 곤충　70
사라진 독도강치　73
독도의 바다생물　76
바다가 변하고 있다　79
독도의 해조류　80
사라져 가는 독도의 해조 숲　82
독도일보 ▶ 독도 해양 연구와 과학 기술　84

4장 독도를 둘러싸고

역사가 말해 주는 우리 땅 독도　90
일본과 계속된 영토 분쟁　94
독도를 지킨 사람들　98
독도의 경제적, 군사적, 지리적 가치　109
독도의 자원과 미래 에너지　111
독도일보 ▶ 옛 문헌과 지도 속의 독도　114

맺음말　118
독도를 부탁해

1장
독도로 가는 길

뱃멀미로 시작한 여행길

독도를 목적지로 정한 뒤에 나는 독도에 갈 수 있는 방법을 알아봤어. 독도는 육지에서 한 번에 갈 수 없단다. 독도에 가기 위해서는 배를 타고 먼저 울릉도로 가야만 해.

울릉도로 가는 여객선은 여러 곳에서 탈 수 있어. 경상북도 포항에서도 출발하고 강원도 강릉항과 묵호항에서도 출발하지. 나는 동해시 묵호항에서 배를 타기로 했어.

울릉도행 여객선은 오전 8시에 출발하기 때문에, 그 배를 타려면 서울에서 새벽 3시에는 출발해야 했어. 다행히 여행사가 운영하는 버스가 있어서 그 차를 이용하기로 했지.

한밤중에 차를 탔으니 무척이나 졸렸지. 얼마나 잤을까? 목이 뻐근해서 일어나 보니 차창 밖이 뿌옇게 밝아 오기 시작했어. 태백산맥이 멋진 자태를 드러내더구나. 그렇게 차창 밖 멋진 경치를 구경하다 보니 어느새 버스가 묵호

으, 멀미!

항에 도착했단다. 항구는 생각보다 크지 않았어. 부산이나 인천항에는 해외로 오가는 아주 큰 배들이 많았는데, 이곳에는 그렇게 큰 배는 보이지 않았지.

 울릉도에 가려고 선착장에서 기다리는 사람들은 멀미에 대비를 단단히 한 듯 보였어. 하나같이 귀 밑에 동그란 멀미약 패치를 붙이고 있었어. 약을 먹는 사람들도 보였지. 나는 저렇게까지 유난스럽게 준비할 필요가 있을까 생각했단다. 선착장에서 보니 파도가 잔잔해 보였거든.

 울릉도행 여객선은 생김새가 특이했어. 군함이나 화물선은 대개 바다에 닿는 부분이 날렵하게 생겼는데, 이 여객선은 아랫부분이 뻥 뚫려 있는 거야. 자세히 보니 날렵한 밑바닥을 양쪽으로 나누어 놓은 거었어.

 이렇게 만든 이유는 바닷물과 닿는 면적을 줄여 빠르게 항해하기 위해서야. 배가 바닷물 위에서 움직일 때는 마찰력이 생기는데, 닿는 면적까지 넓다면 저항을 받아 빠르게 나아갈 수 없겠지. 또 밑바닥이 날렵하게 생긴 배는 파도가 심할 때 롤링(앞뒤로 흔들리는 현상)과 피칭(좌우로 흔들리는 현상)이 생기는데, 이 부분을 양쪽으로 분산시켜 안정감을 높이는 효과도 있어.

울릉도야, 기다려.

승객들이 모두 배에 올라 타고 조금 있으니까 배가 '뿌웅' 하는 소리를 몇 번 냈어. 드디어 출항이야! 얼마나 설렜는지 몰라. 독도는 물론이고 울릉도도 난생처음 가 보는 곳이었거든.

처음에는 객실 창문 밖의 풍경 사진을 찍으며 즐거운 시간을 보냈어. 하지만 설렘과 기대가 고통으로 바뀌기까지는 오래 걸리지 않았단다. 배를 탄 지 한 30분 정도 흘렀을까? 배가 먼바다로 나오자 흔들리기 시작했지. 조금 있으니 뱃멀미가 시작됐어. 속이 울렁거리고 토할 것만 같으면서 머리도 점점 멍해졌지. 그제야 멀미약을 먹지 않은 게 엄청 후회가 됐어.

밑바닥이 양쪽으로 나뉘어 있는 울릉도행 여객선

주위를 둘러보니 다른 사람들은 일행끼리 즐겁게 이야기도 나누고 간식도 나눠 먹고 있었어. 그 사람들은 배를 타기 전에 분명히 멀미약을 먹었을 거야. 내 배낭에도 과자며 오징어며 간식거리가 있었지만 손도 대지 못하고 물만 조금 마시다가 말았지. 시간이 지나자 파도가 거세지면서 배는 더 심하게 흔들렸어. 좀 과장하면 롤러코스터를 타는 것 같았지. 이런 파도에 어부들은 어떻게 바다에서 일을 하는지 존경스러울 정도였다니까!

사실 나는 배를 타고 바다를 지키는 해군에서 군인 생활을 했단다. 바다에서 큰 파도를 만나 고생을 했던 기억을 까맣게 잊고 있었지 뭐야.

그래도 다행인 것은 배를 타는 시간이 옛날보다 많이 줄었다는 거야. 1963년, 포항과 울릉도를 오가는 정기 여객선이 다니기 시작했을 때는 무려 10시간이나 걸렸대. 날씨가 나쁘면 15시간이 걸리기도 했다는구나! 그런데 요즘에는 날씨만 좋으면 3시간 만에도 갈 수 있으니 정말 많이 줄었지? 멀미는 점점 더 심해졌지만, 조금만 더 기다리면 울릉도에 도착할 수 있다고 생각하며 꾹 참았어. 나중에 알고 보니 이날은 날씨가 좋지 않아 다른 때보다 파도가 심한 날이었어. 울릉도에 도착하기까지 5시간이나 걸렸지.

뱃멀미를 참고 또 참았더니 드디어 울릉도가 보였어! 얼마나 기뻤는지 몰라. 배가 난파돼 널빤지를 잡고 헤엄치다가 육지를 발견한 기분이랄까? 한마디로 죽다 살아난 느낌이었지.

울릉도는 바다 한가운데 솟아오른 산처럼 보였어. 바다에서 바라본 울릉도는 무척 작고 귀엽다는 인상을 주었지.

울릉도에 도착하다

육지에서 여객선을 타고 울릉도에 도착하면 도동항이라는 항구에서 내려. 도동항은 오랜 역사를 가진 항구야. 옛날에는 울릉도에 큰 배가

머무를 수 있는 시설이 없었대. 그래서 육지에서 큰 배가 오면 작은 배가 마중을 나와야 했지. 그때 다니던 큰 배 이름이 '청룡호'였는데, 청룡호를 바다 한가운데 세우고 뱃고동을 울리면 조그만 배가 다가와 굵은 밧줄로 청룡호를 도동항에 연결했다고 해. 이렇게 배와 육지 또는 배와 배를 오가는 작은 배를 '전마선'이라고 불러. 그다음 또 다른 배가 와서 사람들과 짐을 실어 날랐지. 이렇게 바다 가운데서 큰 배로부터 짐과 사람을 실어 나르는 배는 '부선'이라고 해.

오랜 역사를 지닌 울릉도 도동항

부선에는 한 번에 40~50명 정도가 탈 수 있었는데, 운반 과정에서 사람과 짐이 물에 빠지는 일도 잦았대. 작은 배에 사람들과 물건, 가축 들까지 가득 실어서 그랬을 거야. 살아 있는 소나 돼지가 바다에 빠지는 진풍경도 자주 있었다고 해. 여름철에는 물에 빠져도 시원하겠지만, 겨울에 물에 빠지면 얼마나 추웠을까?

울릉도가 고향인 할아버지, 할머니들은 아직도 부선을 타다가 바다에 빠진 일을 떠올리곤 한대. 일제강점기부터 사람과 동물 그리고 짐을 날

라 준 부선은 1977년 7월 1,000톤급의 한일호가 취항하고 도동항에 여객선 접안 시설이 만들어지면서 사라졌단다.

  도동항에 내려 미리 예약해 둔 숙소에 짐을 풀었어. 그리고 곧바로 도동항 근처를 산책했어. 선착장에서 조금 떨어진 곳에서는 상인들이 싱싱한 해산물을 팔고 있었어. 커다란 플라스틱 통에는 오징어, 문어, 우럭, 닭새우가 보였어. 문어는 머리가 사람 머리보다 더 큰 것도 있었어. 흐물흐물거리는 모습이 징그럽지만 삶은 문어는 부드럽고 맛있지. 생긴 모양이 예쁜 닭새우도 보였어. 울릉도에서만 잡히는 귀한 새우라는데 많이 잡히지 않아 그런지 값이 아주 비쌌어. 거북손과 따개비도 볼 수 있었어. 거북손과 따개비는 바위에 붙어 사는 갑각류인데, 모양이 신기했어. 특히 거북손은 거북이 발처럼 생겨서 붙여진 이름이래. 거북손과 따개비를 어떻게 먹는지 궁금했는데, 칼국수나 죽을 끓일 때 넣는다는구나.

🚩 경치가 아름답기로 유명한 울릉도 해안도로

해안가에는 산책로가 잘 만들어져 있어서 편하게 울릉도를 구경할 수 있었어. 검푸른 바다에 지는 노을은 그 어떤 관광지에서 보았던 노을보다 아름다웠지.

옛날부터 울릉도는 소나무, 향나무, 느티나무 등 질이 좋은 나무가 많기로 유명했어. 그러다 보니 육지 사람들이 울릉도에 와서 나무배를 만들어 가곤 했대. 또 조선시대에는 일본 사람들이 와서 물고기를 잡고 좋은 나무를 몰래 베어 가는 일도 잦았다고 해.

둘러보니 정말 다양한 나무가 서식하고 있었어. 울릉도의 경치가 좋은 것도 나무가 많기 때문인가 봐. 11월이었는데도 울긋불긋 단풍이 한창이어서 신기했지. 내가 사는 서울은 겨울을 앞두고 나뭇잎이 거의 다 떨어졌거든. 울릉도는 주변에 흐르는 따뜻한 바닷물, 즉 난류의 영향으로 육지보다 겨울이 늦게 오기 때문이야.

나리분지에서 몽돌해변까지

다음 날 본격적인 울릉도 구경에 나섰어. 먼저 차를 빌려 울릉도 일주 도로를 달려 보았지. 해안가로 난 도로의 풍경은 오래전에 가 본 이탈리아의 유명한 해안도로 '아피아가도'보다 아름다웠어.

해안도로를 달리다 나리분지로 올라갔어. 교과서에도 나오는 그 유명한 나리분지 말이야. 울릉도 북쪽의 천부항에서 고갯길을 돌고 돌아 나리분지로 들어서자 산봉우리에 둘러싸인 꽤나 넓은 평지가 모습을 드러냈어. 나리분지는 알봉·미륵산·성인봉·말잔등·나리봉 등으로 둘러싸인 평지인데, 면적은 2제곱킬로미터쯤 되고, 동서 길이가 1.5킬로미터, 남북 길이가 2킬로미터 정도야.

지평선이 보이는 드넓은 호남평야에서 자란 내 눈에는 나리분지가 작고 귀여워 보였단다. 그래도 나리분지는 울릉도에서 유일하게 넓은 평지야. 분지는 사방이 산으로 둘러싸인 평지를 말해. 나리분지는 규모가 작지만 춘천이나 대구처럼 하나의 도시를 이룰 만큼 커다란 분지도 있단

다. 울릉도의 나리분지는 화산활동으로 만들어졌는데, 커다란 나리분지 안에 알봉분지라는 분지가 하나 더 있어. 이것은 화산이 한 차례 더 분출하면서 생긴 분지야.

나리분지의 토양은 화산분출물로 이루어져 있단다. 이런 토양은 물이 쉽게 빠지는 성질을 지녔기 때문에 벼농사에는 적합하지 않아. 사람들은 벼 대신 조나 수수 등을 길러 먹었지. 농업 기술이 지금처럼 발달하지 못한 옛날에는 쌀밥을 구경하기가 더욱 힘들었을 거야.

나리분지에서는 문화재로 지정된 전통가옥 너와집과 투막집을 볼 수 있었어. 투막집은 통나무를 쌓아 올려 만든 집인데, 집 주위를 이엉으로 엮어 만든 우데기로 둘러싼 모습을 볼 수 있어.

우데기로 둘러싼 울릉도의 전통가옥, 투막집

우데기는 눈과 추위로부터 집을 보호하고, 생활 공간을 만들어 주는 역할을 하지. 또 이런 집에서는 가축을 밖에 따로 두지 않고, 집 안에서 키울 수 있었어.

너와집은 너와, 그러니까 넓게 켠 나뭇조각을 지붕으로 인 집이야. 나무가 많았던 강원도 산간 지방과 울릉도에서 많이 지었던 집이지. 너와를 일정한 간격으로 여러 겹 얹고 너와가 바람에 날아가지 않도록 큰 돌로 눌러 놓은 모습을 볼 수 있어.

다음에는 차를 저동 방향으로 돌려 보았어. 저동항의 촛대바위를 보고, 봉래폭포, 내수전 몽돌해변을 차례로 구경했지. 내수전 몽돌해변은 울릉도 유일의 해수욕장인데, 모래 대신 올망졸망한 돌들이 깔려 있는 해변이야. 이곳에서는 모래찜질을 하는 대신 몽돌들이 파도에 쓸려 구르며 내는 소리를 들을 수 있어. 가만히 듣다 보면 마음이 편안해지는 곳이지. 해변 왼쪽 먼바다로는 죽도를 볼 수 있었고, 오른쪽 가까운 바다에서는 북저바위를 볼 수 있었단다.

감격의 독도 상륙

이튿날, 드디어 독도에 가는 날이야. 설레는 마음 때문에 아침 일찍 눈이 번쩍 떠졌단다. 드디어 출항 시간! 나는 배를 타고 대한민국 동쪽 끝 영토 독도로 향했지. 울릉도에 올 때 멀미로 고생한 것이 생각나 이번에는 배를 타기 전 멀미약을 미리 챙겨 먹었단다.

울릉도에서 독도까지 가는 뱃길은 울릉도로 오던 때보다 파도가 더 험했어. 배에 같이 탄 몇몇 사람들이 심하게 뱃멀미를 했어. 이번에는 멀

미약을 먹었어도 속이 울렁거렸어. 약을 먹지 않았으면 큰일 날 뻔했지 뭐야.

독도는 울릉도에서 87.4킬로미터 떨어져 있단다. 날씨가 좋은 날은 울릉도에서 1시간 50분 정도면 독도에 도착한다고 해. 그런데 이날은 무려 2시간 30분이 걸렸어.
수평선 멀리 독도가 보이자 배에 같이 탄 사람들이 환호성을 지르기 시작했어. 그런데 그때 선장님의 안내 방송이 나왔어.
"이제 20분 정도만 더 가면 독도항에 도착하겠습니다. 승객 여러분은 지정된 자리에 앉아 기다려 주십시오. 그런데 현재 바람이 심하게 불어 독도항에 접안하지 못할 수도 있습니다. 양해해 주시기 바랍니다."

나는 얼마나 실망했는지 몰라. 독도 땅을 꼭 밟아 보고 싶었거든. 다행히 여러 번의 시도 끝에 배가 독도 부두에 다다랐어. 배에 탄 사람들은 내리는 곳으로 우르르 몰려들었어. 선원 아저씨는 승객들에게 천천히 차례대로 내리라고 당부를 했지만, 사람들은 조금이라도 먼저 내리고 싶어 안달이 났지. 사실 나도 같은 마음이었어.

배에서 선착장으로 임시 계단이 설치되자 사람들이 차례대로 내리기 시작했고, 나도 뒤를 따랐어.

드디어 독도 땅을 밟는 순간, 나는 "독도 만세"를 외쳤단다. 독도에 가려면 3대가 덕을 쌓아야 한다는 말이 있어. 그만큼 오기 힘든 곳이라는 말이야. 옛날에 독도는 정말 가기 힘든 섬이었어. 일단 육지에서 멀리 떨어져 있고, 예전에는 배가 지금처럼 빠르지도, 안전하지도 않았잖아. 또, 날씨가 도와주지 않으면 독도에 배를 대기도 힘드니 그런 말이 나올 법도 하지.

게다가 과거에는 아무나 독도에 갈 수 없도록 법으로 금지해 놓았어. 문화재보호법 제33조에 학술, 교육, 정치적 목적 외에는 독도에 들어갈 수 없도록 명시했거든. 왜 독도에 들어가는 것을 규제했을까? 그건 독도가 천연기념물이기 때문이야.

예전에는 정부의 허가를 받아야만 독도에 들어갈 수 있었지만, 2005년부터는 동도에 한해 일반인 출입을 가능하도록 했어. 섬에 들어갈 때 받아야 하는 입도 '허가'를 '신고'로 바꾸었지. 우리 모두 자유롭게 독도에 갈 수 있게 된 거야. 독도로 가는 배를 예약하면 여객선 회사를 통해 신고가 된단다.

옛날에는 하루에 독도에 들어갈 수 있는 사람의 수를 제한하는 법이 있었지만, 현재 인원 제한은 없어졌어. 지금까지 200만 명 정도의 사람들이 독도에 다녀갔다고 해.

천연기념물이란?

천연기념물은 학술 및 관상적인 가치가 높아 그 보호와 보존을 법률로 지정한 동물(또는 서식지), 식물(또는 자생지), 지질, 광물 등의 자연을 말한단다. 천연기념물 1호는 1962년 12월 3일 지정된 대구광역시 도동의 측백나무 숲이야. 과거에 측백나무는 중국에서 건너온 것으로 알려졌었는데, 대구 도동을 비롯해 경상북도 영양, 충청북도 단양 등지에서 자생하는 것으로 밝혀졌어. 그래서 한국을 측백나무 원산지로 인정하고 이 숲을 천연기념물로 지정해 보호하고 있단다.

측백나무

울릉도 동남쪽 뱃길 따라 이백 리

　독도는 동도와 서도 두 개의 큰 섬과 작은 바위섬들로 이루어져 있단다. 여객선 선착장은 동도에 있었어. 동도 부두에서 살펴보니 독도는 나무도 보이지 않는 황량한 땅이었어. 경사가 가파른 바위산과 곳곳에 난 작은 풀 정도만 보였지. 나무도 자란다는데 부두에서는 보이지 않았어.
　선착장에서 동도 정상까지는 케이블카가 연결돼 있어 신기했어. 동도 정상에 있는 건물까지 무거운 짐을 나르기 위해 케이블카를 설치했다고

해. 정상까지 걸어서 올라가는 길은 너무 좁고 험해 보였어. 무거운 짐을 지고 올라가다 발을 헛디디기라도 하면 그대로 굴러떨어질 것만 같았지. 동도 정상에는 독도를 지키는 경비대원들이 머무는 숙소와 깜깜한 밤에 뱃길을 알려 주는 등대를 관리하는 등대원들의 숙소가 있어.

짐 옮길 때 꼭 필요!

동도 케이블카

이제부터 독도에 대해 자세히 알아볼까? 독도는 경상북도 울릉군에 속한 대한민국의 국유지로 천연기념물 336호야. 동도의 주소는 경상북도 울릉군 울릉읍 독도이사부길 1~96, 서도의 주소는 경상북도 울릉군 울릉읍 독도안용복길 1~3이야. 우편번호는 40240이란다.

내가 초등학교 다닐 때는 누구나 〈독도는 우리 땅〉이라는 노래를 외워 불렀어. 독도에 대한 정보가 가사에 잘 정리되어 있어서 〈독도는 우리 땅〉을 5절까지 외우면 독도에 대해서는 어지간한 전문가가 될 정도였다니까! 한번 들어 볼래?

독도는 우리 땅

박인호 작사 작곡

배운 지 40년이 넘는 노래였지만 독도에 오니 신기하게도 가사와 멜로디가 생각났어. 역시 어렸을 때 배운 건 잘 잊어버리지 않나 봐. 나는 노래를 흥얼거리며 독도의 모습을 열심히 사진으로 담았단다.

아름다운 독도 4경

독도 연안에는 가제바위, 독립문바위, 혹돔굴, 그리고 해녀바위까지 경치가 아름다운 네 곳이 있어. 사람들은 이곳을 '독도 4경'이라고 부른 단다. 한 곳씩 소개해 볼게, 들어 봐.

먼저 서도의 북쪽 바다 위로 조금 보이는 바위 무리를 가제바위라고 불러. 독도에 딸린 다른 자그마한 섬이나 암초들은 파도와 바람에 깎여 하나같이 뾰족하고 날카롭게 생겼는데 가제바위는 넓지는 않지만 평평한 편이야. 그래서 독도의 바다사자인 강치가 자주 모습을 보였고, 강치의 또 다른 이름인 가제를 붙여 가제바위라는 이름을 얻었어. 하지만 지금은 아쉽게도 강치를 볼 수 없어. 일본의 남획으로 멸종되고 말았지.

가제바위는 큰가제바위와 작은가제바위로 나누어 부르기도 해. 물속

혹돔의 은신처, 흑돔굴

강치가 자주 나타났던 가제바위

에는 크고 작은 암초가 여러 개 발달해 있고, 수심이 깊고 조류가 센 곳이야. 바닷물 흐름이 활발하고 강한 곳이다 보니 다양한 생물이 모이는 곳이기도 해. 바닷속 수심 3~5미터의 바위에는 홍합이 무리를 이뤄 살고 있어. 수심 5~7미터에는 홍합과 대황이 살고, 수심 약 9~10미터에는 감태가 무성한 숲을 이룬단다. 감태가 자취를 감추는 수심 25미터쯤에는 해조류 중에 갈조류와 홍조류가 많이 자라는데 이곳에는 자리돔, 놀래기, 벵에돔이 무리를 이뤄 살아가고 있어. 쓰시마 난류의 영향을 받아 수온이 24℃ 이상 되는 여름에는 돌돔, 벵에돔, 말쥐치, 놀래기, 줄도화돔, 파랑돔 같은 물고기가 찾아온단다.

독도의 동도 남쪽 끝에는 독립문바위가 있단다. 서재필 박사가 민족의 자주독립 의지를 담아 서울 서대문에 세운 독립문과 비슷하게 생겨 붙은 이름이야. 바위 아래로 뚫린 물길을 따라 남쪽으로 넘어가는 골짜기와 남쪽 연안의 크고 작은 봉우리 주변에는 대황과 감태가 많이 자라 보존 가치가 크다고 해. 스쿠버다이버들은 독립문바위 수중 골짜기 끝이 아름다운 하늘나라 같다고 해서 '천국의 문'이라고 부르기도 한대.

나는 스쿠버다이빙을 하는 친구에게서 독립문바위 근처 바닷속에 대해 들은 적이 있단다. 그 친구는 천국의 문 입구에서 골목을 지나 남쪽으로 가는 길은 독도 연안에서 가장 아름다운 바다 풍경이라며 입이 마르도록 칭찬을 하더라고. 좁은 골짜기를 지나 남쪽의 감태 숲까지 가는 길에는 다양한 경관이 펼쳐지는데, 바위 아래 굴에는 대형 혹돔이나 덩치

가 큰 벵에돔이 산다고 해. 자리돔, 물꽃치, 인상어가 무리로 헤엄치고 난류의 영향을 받는 여름과 가을철에는 강담돔, 돌돔, 잿방어도 볼 수 있다고 해.

특히 이곳의 대황 숲은 생태 환경이 잘 보전된 대표적인 '바다숲'으로, 독도 바다 가운데서도 보존 가치가 높대. 바다숲은 바다에 대형 해조류가 번식하고 있는 곳인데, 보통 수심 20미터까지 형성되어 있어. 물고기가 바다숲에 알을 낳으면 알에서 깨어난 어린 물고기가 어느 정도 클 때까지 이곳에 머무른단다. 마치 물고기 유치원 같은 곳이지.

그리고 독립문바위 주위에서는 3개의 혹돔굴이 있어. 혹돔이 밤에 휴식을 취하는 혹돔굴은 혹돔이 부숴 먹은 소라 껍데기가 입구에 흩어져 있어 쉽게 찾을 수 있대. 혹돔은 다 자란 수컷의 윗머리가 혹처럼 불룩하게 튀어나와 붙여진 이름이야.

해양 연구자들은 '독도 해역의

나는야 독도 바다의 수호신.

수호신'으로 불리는 혹돔을 꾸준히 관찰해 왔어. 한때는 혹돔굴에서 하룻밤에 4마리까지 발견되기도 했대.

그런데 혹돔굴에는 재밌는 점이 있어. 혹돔이 낮에 먹이 활동을 하느라 굴을 비우면 밤에 활동하는 개볼락이 휴식을 취하기 위해 혹돔굴을 이용하는 거야. 서로 다른 물고기들이 같은 공간을 필요한 시간에 따라 공유하다니 정말 똑똑하지?

동도 근처에는 해녀들이 물질을 하다 모여 쉬던 해녀바위가 있어. 아쉽게도 해녀바위는 시멘트로 덮여 원래 모습을 볼 수 없어. 시멘트로 덮은 이유는 동도 선착장이 건설되기 전인 1990년대까지 동도에 근무하는 경비대원의 보급품이나 인력을 수송하는 선착장으로 이용하기 위해서였대. 당시 이곳에는 수동 크레인(동키)이 설치돼 있었어. 그래서 아직도 동키바위라고 부르는 사람이 많지만, 국토지리정보원은 2012년 공식적으로 이곳에 해녀바위라는 이름을 붙였어.

물속은 독도 주변 다른 바다보다 파도의 영향이 작아 다양한 해양 생물을 볼 수 있어. 바위 직벽이 편평한 바닥과 만나는 수심 10~11미터부터 서쪽으로 서서히 깊어지는 완만한 경사 지대를 이루는데 중간에 커다란 암반이 있고, 그 사이에 작은 모래와 자갈이 깔려 있어 어린 해양생물이 살기에 적당한 곳이야. 바닥에는 크고 작은 암반에 서식하는 녹조류와 갈조류들이 고요하고 평화로운 수중 경관을 만들어 '녹색 정원'이라는 별명을 얻었단다.

해녀들이 쉬던 바위, 해녀바위

동도와 서도

독도의 좌표는 북위 37도 14분 22초, 동경 131도 52분 08초야. 울릉도 동남쪽 방향으로 87.4킬로미터 떨어진 곳이지. 우리나라의 가장 동쪽 영토, 그러니까 가장 먼저 해가 뜨는 곳이야. 맑은 날에는 울릉도에서 독도를 볼 수 있을 정도로 가까워 삼국시대부터 울릉도에 딸린 섬으로 여겼어. 동도와 서도 두 섬과 주변 가제바위, 구멍바위, 얼굴바위, 지네바위 등 33개의 바위섬과 암초를 포함해 총 89개 부속 섬으로 이루어져 있단다.

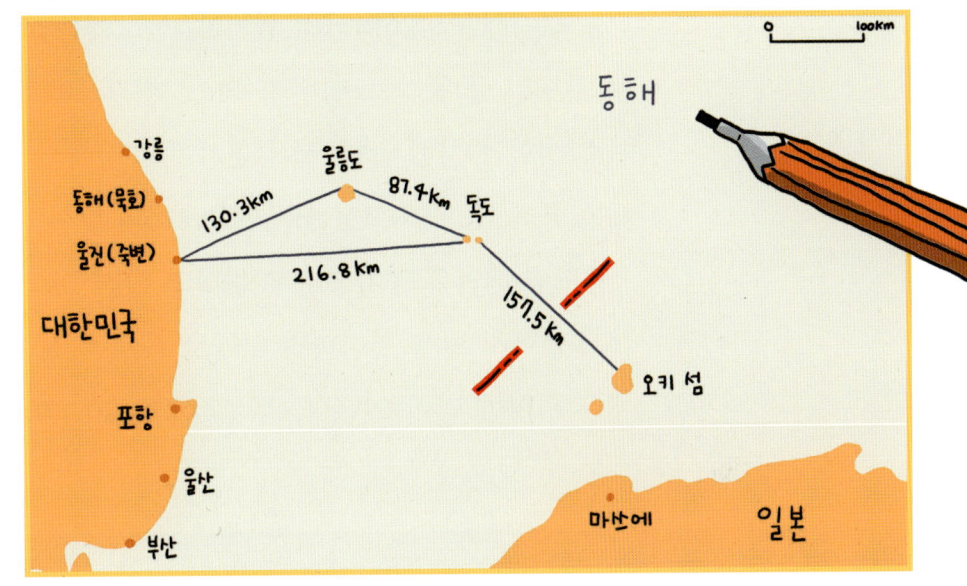

일본의 오키 섬보다 대한민국 울릉도에서 더 가까운 독도

바다에서 바라보는 동도와 서도는 발도 붙이기 힘든 높은 봉우리처럼 날카롭게 생겼어. 배가 좀 더 가까워졌을 때 바라보면 여전히 경사가 심한 비탈이지만 그래도 사람이 오르내릴 수는 있을 정도로 보이지. 동도의 최고봉은 '일출봉', 서도의 최고봉은 '대한봉'으로 불린단다. 두 섬은 사진으로 볼 때는 바로 옆에 붙어 있는 것처럼 생겼지만 실제로는 두 섬의 가장 가까운 거리가 151미터나 돼.

독도의 총면적은 18만 7,554제곱미터야. 울릉도의 부속 섬 44개 중에서 죽도 다음으로 면적이 넓은 섬이지. 서도(8만 8,740m²)가 동도(7만 3,297m²)보다 넓어. 총 둘레는 5.4킬로미터로, 동도(2.8km)와 서도(2.6km)가 비슷하단다. 서도와 동도의 둘레는 비슷한데 면적은 서도가 동도보다 넓은 건 섬의 해발고도가 서도가 동도보다 높기 때문이야.

동도는 해발 98.6미터의 섬이야. 동도에는 500톤급 배가 정박할 수 있는 부두와 등대, 독도경비대 숙소, 헬기장이 있지. 헬기장은 응급 환자가 발생할 때처럼 급한 일이 생기면 육지에서 보낸 헬기가 이륙, 착륙할 때 이용해. 동도 최고봉 북쪽에는 2개의 화산 흔적이 있단다.

동도의 해안은 높이 30~40미터의 절벽으로 되어 있는데, 무척 가팔라서 정상에서 발을 헛디디면 바다로 풍덩 빠질 것처럼 보여. 그래도 정상에는 평평한 땅이 있단다. 부분적으로 20~30센티미터 두께의 흙이 덮

부두와 등대, 독도 경비대 숙소가 있는 동도

인 곳도 있어. 이런 땅은 오랜 세월 풍화작용으로 생겨난 거야. 풍화작용은 바위나 돌이 햇빛, 공기, 물에 의해 조금씩 부서지는 것을 말해.

　서도는 가장 높은 곳이 해발 168.5미터야. 서도에는 주민 숙소와 어민 대피소, 발전기, 기상 측정기 같은 시설이 있지.

　서도는 경사가 가파른 하나의 봉우리로 되어 있고, 해안절벽에는 많은 동굴이 있어. 이 가운데 북서쪽 해안에는 '물골'이라는 침식 동굴이 있어. 이곳 바위틈에서는 물이 조금씩 떨어지는데 이 물은 식수로 사용되었어.

어민 대피소와 관측 시설이 있는 서도

아주 오래전부터 독도에 드나드는 어부들은 이 물로 갈증을 없애고 밥도 지었다고 해. 독도는 옛날부터 물고기가 많기로 유명한 곳이었어. 독도 근처 바다에 물고기를 잡으러 왔다가 비가 오고 파도가 심하게 치면, 배를 서도 해안가에 대고 동굴에서 머물며 날씨가 좋아지길 기다렸지.

지금은 물골이 갈매기 배설물로 오염되어 식수로는 사용하지 않아. 독도경비대와 등대원들이 머무는 동도에서는 바닷물을 끌어 올린 뒤 담수화(바닷물을 민물로 만드는 과정) 장비를 거쳐 식수와 생활용수로 사용한단다.

독도 주변 바닷속은 어떻게 생겼을까? 울릉도와 독도가 우뚝 솟아 있는 동해 바다는 울릉분지와 같은 큰 분지, 여러 고지대와 화산섬, 해산(바다 밑바닥에 우뚝 솟은 봉우리) 등으로 구성

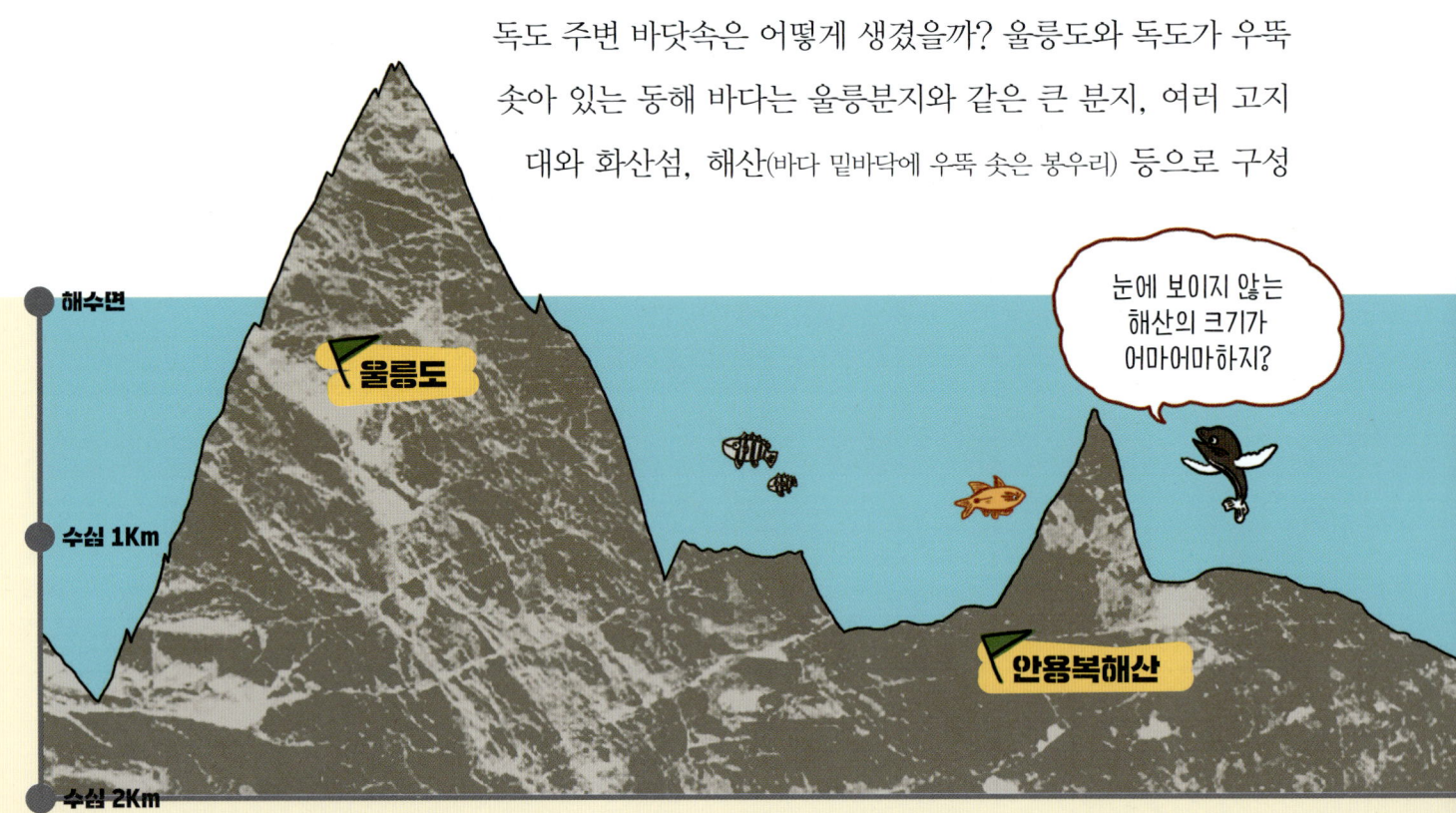

돼 무척이나 복잡하단다. 독도는 울릉분지 북동쪽 끝에 위치한 화산섬의 봉우리에 해당돼. 물에 잠긴 부분이 2킬로미터 정도이고, 아래쪽 지름은 20~25킬로미터에 이르지.

독도의 동남쪽 해저는 심흥택해산, 이사부해산이 화산섬을 이루며 오키 뱅크로 이어져. 이들 해산은 주변의 다른 해산과 마찬가지로 정상 쪽이 비교적 평평한 모양이야. 화산작용으로 섬이 생겨난 뒤에도 계속해서 파랑(바다 또는 호수에서 일어나는 물결)의 침식작용을 받았기 때문이지. 독도보다 오래 전에 만들어진 독도 동쪽의 섬들은 해면 위로 드러난 부분이 거의 사라졌지만, 독도 해산은 아직까지 해수면 위로 섬이 남아 있는 거야.

독도가 이렇게 어마어마한 해산의 일부라는 사실이 정말 놀랍지? 독도가 결코 작은 섬이 아닌 이유가 바로 여기에 있어.

독도의 지형

독도가 언제, 어떻게 탄생했을까. 독도는 신생대 제3기 말부터 발생한 화산활동으로 생겨난 화산섬이야. 신생대 제3기는 지금부터 6,500만 년 전부터 200만 년 전까지 약 6,300만 년을 말해. 이때는 중생대 때 번성했던 암모나이트와 공룡이 완전히 사라진 뒤란다.

독도는 화산활동으로 만들어진 이후 오랫동안 침식과 풍화, 지각변동

어떻게 만들어진 지형일까?

화산지형은 지구의 화산활동으로 만들어지는 지형이야. 분화구가 쑥 꺼지거나, 화산재가 쌓이거나, 땅속의 마그마가 분출되어 흐르고 식으면서 다양한 지형이 만들어지지.

해안지형은 바다에서 밀려오는 파도가 오랜 세월 암석을 깎아 내는 작용, 즉 침식으로 생겨나는 지형이야. 우리나라 곳곳에는 해안절벽이나 해식동굴 등 절경을 이루는 해안지형이 많아.

풍화지형은 암석이 햇빛, 공기, 물에 의해 서서히 부서지는 풍화작용으로 생겨나는 지형이야. 암석에 틈이나 구멍이 생기기도 하고, 큰 바위가 작게 부서지기도 해.

구조지형은 지구 내부의 힘을 받은 지층이 위로 솟거나 아래로 내려앉거나 끊어지고 어긋나면서 만들어진 지형을 말해.

의 영향을 받았어. 현재 독도의 모습은 이런 여러 가지 작용의 결과라고 할 수 있어. 그래서 독도는 화산섬이지만 해안지형, 풍화지형, 구조지형과 같은 다양한 지형도 볼 수가 있단다. 이제 하나하나 살펴볼까?

화산지형

화산에서 분출한 마그마는 지표면을 따라 흘러내리면서 식는데, 이때 규칙적인 균열이 생기게 돼. 그중 기다란 기둥 모양을 이루는 지형을 주상절리라고 해. 독도 곳곳에서 주상절리를 찾아볼 수 있어. 서도의 많은 절벽에서는 수직 주상절리를 볼 수 있어. 탕건봉은 서도의 북쪽 끝에 봉우리처럼 우뚝 솟은 절벽인데, 흔히 볼 수 있는 수직이 아니라 비스듬한 수평으로 주상절리가 만들어졌어. 탕건은 조선시대 남자들이 갓 아래 쓰던 모자인데, 앞쪽은 낮고 뒤쪽은 높아 턱이 진 모양이야. 탕건봉을 보면 꼭 탕건처럼 생겼지 뭐야.

화산이 폭발하며 공중으로 흩날려진 마그마 파편들은 수많은 화산탄을 만들어 내. 이 화산탄들이 날아가 퇴적층에 박히면서 볼록볼록한 주머니 모양의 탄낭이 되지. 탄낭을 지닌 지질구조를 탄낭구조라고 해. 얼굴바위 등 독도의 많은 바위에서 탄낭을 볼 수 있어.

탕건! 내가 써도 잘 어울리네.

해안절벽

해식아치

자갈해안

남극의 촛대바위랑 똑같네.

시스택(촛대바위)

해안지형

독도의 해안은 대부분 침식에 약한 지질을 가지고 있어. 오랜 세월 파도에 깎이다 보니 평평한 암반 지대, 즉 파식대가 많이 생겨났지. 파식대가 넓어지면 해안의 경사면도 점점 깎여 수직에 가까운 낭떠러지가 돼. 이렇게 생긴 해안의 낭떠러지를 해안절벽 또는 해식애라고 불러. 해안절벽에는 해식아치나 해식동굴이 함께 형성되는 경우가 많아. 모두 파도와 물결의 계속된 침식으로 생겨난 지형이야.

독도 주변에서 볼 수 있는 신기한 모양의 암초들은 침식에 약한 부분이 깎여 나가고 상대적으로 침식에 강한 부분만 남으면서 생겨난 것들이야. 그중에 높고 길쭉한 기둥 모양의 암석을 시스택이라고 해. 촛대바위도 그중 하나지. 독도의 촛대바위는 남극 세종기지에 갔을 때 펭귄마을 주변에서 본 촛대바위와 너무나 닮아 깜짝 놀랐어.

또 독도에서는 자갈해안도 볼 수 있는데, 해안절벽에서 굴러떨어진 돌들이 거센 파도에 서로 부딪히면서 반질반질하게 깎인 거야.

풍화지형

독도에서 볼 수 있는 대표적인 풍화지형 중 하나는 타포니야. 타포니는 응회암(화산이 분출할 때 나온 화산재가 굳어져 만들어진 암석)으로 구성된 해안절벽에서 주로 볼 수 있어. 응회암은 침식에도 약하지만 풍화, 즉 바람에도 무척 약해서 잘 부서지지. 독도 곳곳의 해안절벽에서 불규칙한 모양과 크기로 오목하게 깎여 나간 구멍들을 많이 볼 수 있는데, 바로 타포니야.

서도 어민 숙소 북쪽 해안에서는 풍화작용으로 절벽에서 분리돼 떨어진 바위들이 해안에 쌓인 소규모 애추도 볼 수 있어. 애추는 얼었다 녹는 것이 반복되는 간빙기에 주로 만들어졌다고 해. 연구자들은 독도 해안의 애추는 경사가 가파르고 규모도 작아 후빙기에 형성된 것으로 추측하고 있어.

타포니

애추

🚩 단층선

🚩 침식와지

구조지형

독도에서 볼 수 있는 구조지형으로는 단층선과 침식와지가 있어. 외부 힘을 받은 지각이 두 개의 조각으로 끊어진 다음 다시 움직이면서 어긋난 지질 구조를 단층이라고 해. 동도 해안절벽 등 독도 곳곳에서 단층으로 생겨난 선, 단층선을 볼 수 있어.

또 동도에는 비교적 큰 침식와지가 있어. 지표면에서 수직으로 해수면까지 이어지는 깊은 웅덩이 같은 지형이야. 이것은 단층으로 함몰되어 부분적으로 침식을 받은 결과야. 무너져 내린 암석들이 오랜 세월 동안 파도에 휩쓸려 없어지자 이런 지형이 만들어진 거지.

독도의 기후

내가 독도에 갔을 때는 11월이어서 육지는 조금씩 추워지고 있었어. 하지만 독도는 그만큼 춥지 않았지. 대신 바람이 강하게 불었고, 동도 선착장에는 파도도 많이 쳤어.

독도가 육지만큼 춥지 않은 이유는 난류의 영향 때문이래. 독도의 연평균 기온은 13.8℃로 같은 위도대의 다른 지역보다 훨씬 따뜻해. 연간 평균 기온 차이도 20.5℃로 같은 위도대의 다른 지역보다 적은 편이야. 여름철 기온은 다른 지역보다 상대적으로 낮고, 겨울철 기온은 상대적으로 높기 때문이지. 월평균 기온은 1월과 2월이 가장 낮고 8월이 가장 높

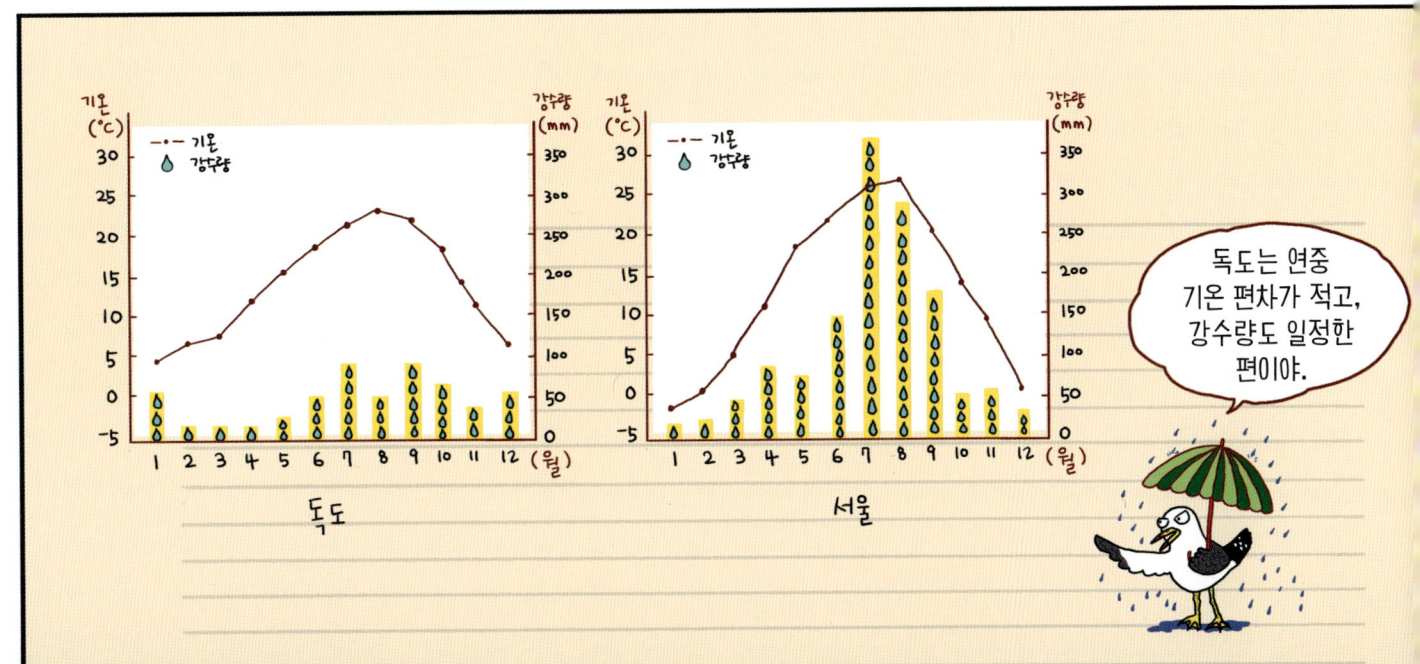

아. 강수량은 여름철에 많은데 특히 여름이 끝나 가는 9월에 가장 가장 많아. 독도와 울릉도는 태풍이 자주 지나가는 위치에 있어 한 해 평균 2~3개 태풍의 직접적인 영향을 받는단다. 태풍의 영향 정도에 따라 연 강수량이 큰 편차를 보이기도 해.

사면이 바다로 둘러싸인 독도는 해양성 기후를 보여. 연중 강수량이 비교적 고른 편이고 같은 위도의 내륙 지역보다 겨울에 상대적으로 따뜻하고 여름에는 더위가 심하지 않은 것은 그 때문이야. 또 독도는 중위도에 위치하고 있어 계절 변화가 뚜렷해. 겨울철에는 대륙의 찬 고기압의 영향을 받고, 여름철에는 해양성 고기압에 영향을 심하게 받아. 겨울에는 시베리아 기단의 영향을 받아 춥고 건조하며 여름에는 북태평양 기단의 영향을 받아 덥고 습하지.

독도의 기후는 주변 바닷물의 영향을 많이 받아. 독도가 위치한 동해 바다는 수심이 깊고 넓어 겨울철 수온이 9~10℃로 서해보다 훨씬 따뜻해. 독도의 기후에 영향을 미치는 해류로는 동한난류와 북한한류가 있는데, 여름에는 동한난류의 영향을 많이 받고 겨울에는 울릉도 부근에서 만나는 북한한류와 동한난류의 영향을 받지.

독도는 이렇게 지리적 위치, 계절별 기단의 영향, 해류, 고도 등의 복잡한 요인으로 독특한 기후를 보인단다.

난류와 한류가 만나는 곳

　난류와 한류가 공존하는 독도 주변은 황금어장이 만들어지는 곳이야. 난류와 한류가 만나면 식물성 플랑크톤이 살기 좋고, 식물성 플랑크톤을 먹고사는 동물성 플랑크톤과 어린 물고기들도 많아지거든.

　동한난류는 한반도의 남동쪽 해안을 따라 올라와. 봄부터 여름까지 동한난류를 따라서 오징어, 고등어, 꽁치 등 난류성 어종이 모여. 한편 리만한류와 연결된 북한한류는 동해안을 따라 남쪽으로 흐르다 동쪽으로 방향을 바꿔 흘러. 동한난류는 동해 연안에서 방향을 바꿔 동쪽으로 흐르다가 상대적으로 찬 한류와 만나. 난류와 한류처럼 성질이 정반대인 바닷물이 만나는 해역에서는 수온이나 염분이 급격하게 변하는데 이를 전선이라고 해.

　독도 주변 상층 해류에서는 소용돌이가 자주 나타나. 독도 북쪽을 통과하는 해류는 변화가 다양해 직선 형태로 나타나지 않고 휘어져 흐르는데, 이때 휘어져 흐르는 정도가 심해지면 해수 흐름이 시계 혹은 반시계 방향으로 회전하게 되고 그 결과 소용돌이가 만들어져. 독도 주변 해역은 동한난류가 동해 연안에서 분리돼 동쪽으로 흐르면서 일부가 남서쪽으로 재순환하는 과정에서 울릉도 부근에서 시계 방향으로 회전하는 난

난류와 한류

일반적으로 위도가 낮은 지역의 바다는 위도가 높은 지역보다 햇빛을 많이 흡수해 수온이 높단다. 위도가 낮은 곳에서 높은 곳으로 흐르는 따뜻한 해류를 '난류'라고 해. 반대로 위도가 높은 곳에서 낮은 곳으로 흐르는 차가운 해류를 '한류'라고 하지. 우리나라 주변 해류 중 대표적인 난류는 쿠로시오 해류와 쿠로시오 해류에서 갈라져 나온 동한난류, 황해난류가 있어. 또 대표적인 한류로는 리만해류와 리만해류에서 갈라져 나온 북한한류가 있단다.

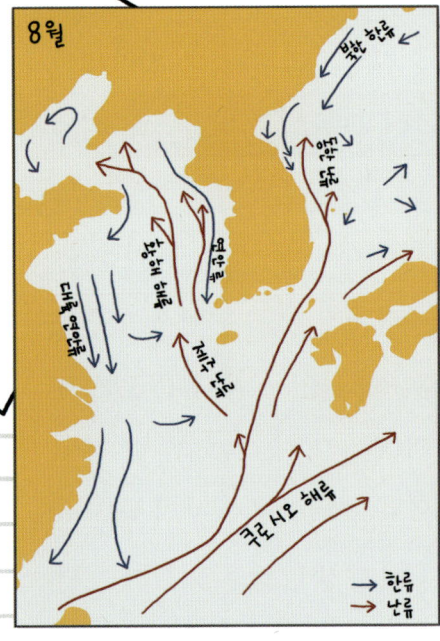
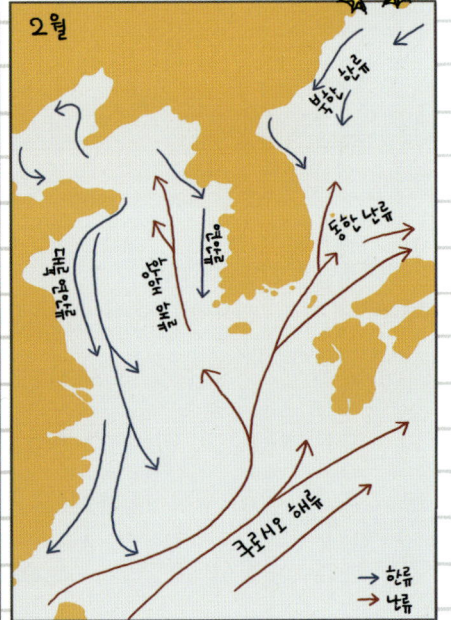

🚩 계절에 따른 우리나라 주변의 해류

수성 소용돌이가 만들어져. 난수성 소용돌이는 수백 미터 이상의 깊이까지 영향을 미치기도 하지. 해류와 소용돌이는 독도의 날씨를 결정하는 가장 중요한 요소야.

한편, 독도 해역의 심층 해류는 해저 지형의 영향을 많이 받아. 해양 연구자들은 1996년부터 울릉도와 독도 사이의 한국해저 부근에서 초속 30센티미터 이상의 유속을 지닌 지속적인 해류를 관측해 '독도심층류'라는 이름을 붙였어.

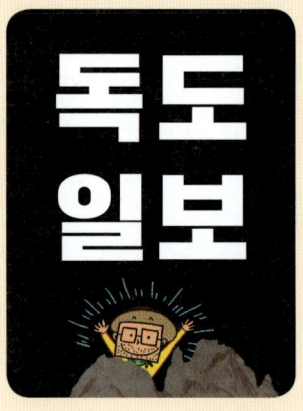

독도의 자원

독도 주변 해저에는 어떤 자원들이 있을까? 조사에 따르면 독도 주변에는 망간, 구리, 니켈 등의 금속자원이 풍부하다고 한다. 또 대표적인 에너지 자원인 메탄 하이드레이트는 독도 주변의 수심 300미터 아래에 무려 6억 톤이나 매장돼 있다. 우리나라가 200년간 쓸 수 있을 정도로 엄청난 양이다.

불타는 얼음, 메탄 하이드레이트

메탄 하이드레이트는 깊은 바다에 쌓여 있던 퇴적물 층에서 박테리아가 만든 메탄가스가 낮은 온도와 높은 수압에 얼어붙으며 생성되는 고체 연료다. 불을 붙이면 불꽃을 일으키며 타기 때문에 '불타는 얼음'이라고도 불린다.

메탄 하이드레이트는 약 1,000미터 깊이의 수심에 쌓인 퇴적층 아래 100미터 정도 존재하는데, 최근에는 깊은 바다뿐 아니라 대륙붕이나 대륙사면 등 상대적으로 얕은 바다에서도 발견되고 있다. 기존 천연가스의 매장량보다 수십 배 많은 메탄 하이드레이트는 그 자체로도 훌륭한 에너지 자원이면서, 석유의 매장 가능성을 알려 주는 역할도 한다.

현재 하이드레이트의 개발 수준은 전 세계적으로도 초보 단계에 머물러, 러시아를 제외하고는 상업적 생산이 거의 이루어지지 않았다. 최근에는 일본과 중국이 잇따라 메탄 하이드레이트 채굴에 성공했다. 우리나라도 이러한 상황에 발맞춰 메탄 하이드레이트 매장 지역을 파악하기 위한 탐사를 수행하고, 울산 해역에서 안정적인 매장량을 확인하는 등 성과를 거두었다. 또 해수면 아래 2,800미터 지점에서 메탄 하이드레이트가 함유된 사암층 표본을 채취하는 데 성공했다. 따라서 가까운 미래에는 메탄 하이드레이트를 채굴할 수 있을 것으로 기대된다.

메탄 하이드레이트

가치 있는 광물자원 인산염암과 바나듐

독도 북쪽의 한국대지 사면에서는 인산염암이 발견됐다. 인산염암은 대부분 해저화산, 해저산, 해양대지, 대륙붕에 인접한 대륙사면에서 발견되는데, 독도 근처에서 발견된 인산염암 층은 두께가 20미터나 된다. 인산염은 비료나 가축 사료, 합성세제, 반도체, 섬유 등을 제조하는 데 이용되는데 세계적으로 생산되는 나라가 많지 않다. 우리나라는 육지에서 인광석이 생산되지 않아서 모로코, 미국, 러시아, 남아프리카공화국 등에서 수입하는 실정이다.

또 독도에는 채취 지역에 따라 함량의 차이가 크지만 바나듐 같은 광물자원이 있어 개발 가치가 크다. 바나듐은 가볍고 단단하고 잘 닳지 않는 성질을 지닌 금속으로, 철과 섞어 견고한 부품을 만들 때 사용한다.

독도에 형성된 광물자원의 상태나 양에 대해서는 아직 자세한 연구가 이루어지지 않았다. 앞으로 독도와 주변 바다에 존재하는 유용한 광물자원에 대한 정밀 연구가 필요하다.

미네랄이 풍부한 해양 심층수

우리나라 동해는 90% 이상이 해양 심층수로 이루어져 있다. 해양 심층수는 수심 200미터 아래 깊은 곳에 있는 바닷물을 말하는데, 햇빛이 도달하지 않는 곳에 있어 온도가 일정하고 무균 상태인 것이 특징이다. 오염되지 않은 청정수인 데다 마그네슘과 칼륨 등의 미네랄이 풍부해 개발 가치가 높다. 최근에는 해양 심층수를 수산물, 식품, 음료수, 소금, 화장품, 의약품 등 다양한 분야에 활용하고 있어 수요가 증가하고 있다. 미국, 일본, 대만, 노르웨이에서는 해양 심층수 산업 개발에 오래전부터 힘을 기울여 다양한 제품을 생산해 오고 있으며, 우리나라 정부도 해양 심층수의 산업화를 위한 각종 대책을 마련해 시행 중이다.

해양 심층수를 활용해 생산된 화장품과 생수

바나듐

3장
독도의 생태계

생명의 보물 창고, 독도

바위섬 독도는 언뜻 보면 무척 황량한 곳이야. 섬 전체가 화산암으로 이루어져 있고, 소금기를 품은 바닷바람이 몰아치는 척박한 땅이어서 식물이 자라기에 좋은 환경은 아니지. 또 섬의 경사가 심해 비가 내리면 빗물이 섬 비탈을 따라 흘러내리기 때문에 물이 귀한 편이야.

하지만 자세히 살펴보면 수많은 바다생물과 육지생물들이 살아가는 생명의 보물 창고 같은 곳이 바로 독도란다.

연구자들이 그동안 조사한 결과, 독도에서 자라는 식물은 모두 60여 종이라고 해. 조그만 섬에서 60여 종이라니, 정말 다양하지? 억새나 개밀 같은 벼과 식물이 주종을 이루지만 민들레, 괭이밥, 강아지풀, 쑥, 쇠비름, 명아주, 질경이, 술패랭이, 갯괴불주머니, 섬장대, 갯까치수염, 번행초, 섬기린초, 큰두루미꽃 들도 자라지. 해국이나 구절초, 땅채송화, 해당화 같은 야생화도 여름이면 꽃을 피우고 번식을 해. 또 사철나무, 섬괴불나무 같은 나무도 살고 있어.

하늘에는 고양이 울음소리를 내는 괭이갈매기가 날아다녀. 바위에는 따개비, 거북손, 홍합, 고둥 같은 다양한 해양생물들이 다닥다닥 붙어살지. 바닷속에는 감태나 대황 같은 대형 갈조류가 울창한 숲을 이루고

독도에서 번식하는 괭이갈매기

 그 사이를 물고기들이 헤엄친단다.
 사실 우리나라 대다수 섬은 해양 생태계가 건강하지 못해. 인간의 삶으로 자연환경이 훼손되고 오염되었지. 독도는 육지에서 200킬로미터나 떨어져 있고, 사람의 접근이 상대적으로 많지 않아 자연환경이 비교적 잘 보존되고 있어. 하지만 찾는 사람이 점점 많아지면서 조금씩 영향을 받고 있단다.

해조류의 세 갈래

해조류는 엽록소로 광합성을 하는 수중생물이야. 뿌리와 하나의 커다란 잎으로 이루어져 있는데, 뿌리는 바위에 붙어 있는 역할만 할 뿐 다른 식물처럼 양분을 빨아들이지는 않는단다. 해조류는 자라는 바다의 깊이와 색깔에 따라 녹조류, 홍조류, 갈조류로 나뉘어. 녹조류는 바닷물의 온도와 상관없이 얕은 바다에 살아. 청각, 청태, 파래 등이 있지. 홍조류는 대부분 작고 섬세하게 생겼어. 우리가 즐겨 먹는 김이 바로 홍조류야. 갈조류는 수온이 낮은 곳에 사는데 다시마, 미역, 모자반, 톳, 감태, 대황 등이 여기에 속해.

    독도에서는 괭이갈매기, 흑비둘기, 멧비둘기, 바다제비, 슴새를 비롯한 30여 종의 새들이 계절에 따라 발견돼. 독도에서 사철을 보내는 토박이 새도 있지만, 동해를 건너 이동하는 철새들도 독도를 많이 찾아온단다. 울릉도와 함께 동해 바다 한가운데 떠 있으니, 먼 길을 오가는 배고픈 철새들이 지친 몸을 쉬어 가며 먹이를 찾을 수 있는 쉼터 역할을 하는 거야. 솔잣새, 되새, 개똥지빠귀 등은 봄과 가을철 독도에서 쉬어 가며 이동하는 대표적인 철새야.

    정부는 이런 자연환경과 생태적인 중요성을 고려해 1982년 독도를 천연기념물로 지정했어. 또 1997년에는 '독도 등 도서지역 생태계 보전에 관한 특별법'에 의한 특정도서로 지정했지. 1999년에는 문화재청 고시에 따라 독도를 천연보호구역으로 지정했어.

그런데 최근 독도를 찾는 사람이 많아지면서 자연환경이 크게 변하고 있단다. 그 결과 생명을 위협받는 생물도 늘어나고 있어. 대표적인 동물이 바다제비야. 바다제비는 한반도 모양을 꼭 닮아 '한반도바위'로 불리는 동도의 비탈에서 알을 낳고 새끼를 키운단다. 1년에 단 한 개의 알을 낳아 암수가 번갈아 품어 부화시켜. 알에서 부화한 새끼는 비행 훈련을 마치고 남태평양으로 날아갔다가 몇 년이 지나면 태어난 고향 독도를 다시 찾아 번식을 하지. 그런데 바다제비가 얼마 전 큰 위험을 겪었어. 갈고리 모양의 뾰족한 열매가 달린 외래종 식물, 쇠무릎에 걸려 비행 훈련을 하는 새끼는 물론이고, 어미까지 목숨을 잃는 일이 자주 일어났거든. 울릉군은 생태계 파괴를 우려해 독도의 쇠무릎을 제거하는 작업을 벌였고, 그 결과 쇠무릎 가시에 걸려 죽는 바다제비가 많이 줄었다고 해.

이게 다 쇠무릎 때문…

나 좀 살려 줘.

독도의 식물

독도는 흙이 아주 귀한 섬이란다. 독도의 흙은 오랜 세월에 걸쳐 바위나 돌이 풍화되면서 만들어진 것들인데, 이마저도 심한 바람과 많은 강수량 때문에 남아나질 못해. 흙이 귀하다 보니 흙에 뿌리를 내리고 사는 식물도 육지보다 다양하지 않아. 물론 개체 수도 적지. 독도에서 자라는 식물은 키가 작고 뿌리가 짧은 초본식물(풀)이 대부분이며, 줄기나 뿌리가 굵고 단단한 목본식물(나무)은 자라기 매우 힘들어.

그래도 우리나라 해안가나 섬에서 자라는 적지 않은 식물들을 독도에서 볼 수 있어. 섬 밖에서 들어온 식물도 많단다. 척박한 섬 독도에 푸른 숲을 가꾸고 싶었던 사람들은 나무를 가져와 심었어. 또 독도 관광을 위해 들어온 사람들이 자기도 모르게 열매나 풀씨를 옮겨 오기도 하지.

독도에 사는 식물에 대한 연구와 조사 결과 독도에는 60여 종이 관찰되었다고 해. 초본식물로는 개밀,

8~11월 독도 곳곳에서 볼 수 있는 해국

해국, 섬시호, 큰두루미꽃, 도깨비쇠고비, 왕김의털, 왕호장근 등이 있어. 이들은 대부분 경사가 다소 완만한 곳에서 자라. 이중에 섬시호와 큰두루미꽃은 환경부가 지정한 보호식물이란다. 왕호장근은 구황식물(흉년이 들 때 부족한 식량을 대체해 주는 작물)로 이용되기도 했어.

독도에 자생하는 목본식물로는 섬괴불나무, 사철나무, 보리밥나무, 댕댕이덩굴, 개머루, 동백나무가 있어. 독도는 한반도와는 달리 천이(같은 장소에서 시간의 흐름에 따라 진행되는 식물군집의 변화)가 일어나지 않는 독특한 초지가 발견되는데, 이는 독도의 지형이 경사가 급하고 토양층이 얕으며, 바닷바람이 강하게 부는 등 환경 조건이 열악하기 때문이야. 독도에 사는 많은 식물이 키가 작아 강한 바닷바람에 잘 적응하며, 잎이 두텁고 잔털이 많아 가뭄과 추위에도 잘 견딘다고 해.

섬기린초와 섬장대, 섬괴불나무 등은 울릉도에 자생하는 고유종들이야. 독도에 사는 대부분의 식물들은 울릉도와 비슷한 종 구성을 보여. 연구원들은 이 식물들이 바람이나 해류, 조류를 통해 유입되거나 사람들이 독도에 들어올 때 함께 옮겨 온 것으로 생각하고 있어. 아직까지 독도에서만 사는 식물의 종류는 발견되지 않았어. 독도에서 자라는 식물 가운데 대다수는 한반도에서 울릉도를 거쳐 독도에 전파된 것으로 보이지만, 대나물과 같은 종류는 한반도 육지에서 직접 유입된 것으로 알려져 있어.

최근 독도에는 잡초성 귀화식물(외국에서 우리나라에 들어와 토착화된 식물)들이 많아졌어. 그중 왕호장근은 독도의 생태계에 가장 큰 영향을 미치고 있는 종이야. 또 마디풀, 참소리쟁이, 흰명아주, 가는명아주, 까마중, 방가지똥, 민들레, 닭의장풀 등도 독도 전역으로 확산되고 있어. 본래 독도의 자생식물은 국화과 식물이 주를 이루고 있었지만 외부로부터 다른

식물이 유입되면서 오랜 옛날부터 자라던 식물과 경쟁하고 있어.

사람의 출입이 자유롭지 못한 과거에는 독도로 들어오는 진입 경로가 한정돼 있었지만, 동도에 배를 댈 수 있는 접안 시설이 마련되고 울릉도-독도 정기 여객선이 생기면서 독도에 오는 사람 수가 크게 늘었지. 그에 따라 인위적으로 심거나 우연히 유입된 종들도 많아졌어. 독도에서 자라는 보리밥나무, 섬괴불나무, 동백나무, 곰솔, 사철나무, 후박나무, 눈향나무, 울향나무, 무궁화 등은 사람들이 옮겨 심은 거야. 연구자들은 독도의 생태계 보호를 위해 외부로부터 유입된 종에 대한 관리 대책이 필요하다고 주장하고 있어.

자연은 동물과 사람들의 왕래를 통해서도 변화해 왔기 때문에 독도의 이런 변화는 자연스러운 현상이라고 할 수 있어. 다만 급격한 자연의 변화는 독도에 사는 동물과 식물의 생존에 영향을 크게 미치게 돼. 바다제비처럼 일부 생물은 생존을 위협받는 일도 생기지.

물론 인간도 자연의 일부분이란다. 인간들은 필요에 따라 자연환경을 바꾸어 왔어. 하지만 되도록 사람들이 자연의 변화에 개입하지 않았으면 좋겠어. 인간은 자연을 구성하는 많은 생명체 중 일부일 뿐이니까.

독도의 조류와 곤충

독도에 사는 육상 동물은 크게 조류, 곤충류, 포유류가 있어. 신기하게도 독도에서 양서류와 파충류가 발견됐다는 기록은 아직 없단다.

독도 조류를 연구한 학자들은 저마다 다른 결과를 발표했어. 원병오, 윤무부 박사는 8종 76개체를, 우한정, 구태회 박사는 17종 153개체를 관찰했다고 해. 2005년 환경부의 독도 생태계 정밀조사에서는 25종이 보고됐고, 권영수 박사는 총 92종의 조류를 확인했어. 이렇게 차이가 큰 이유는 계절에 따라 발견되는 조류가 많이 다르고, 조사 시기나 빈도에 따라 종의 다양성이 다르기 때문이야.

독도에서는 괭이갈매기를 비롯해 바다제비, 슴새, 흰줄박이오리, 되새, 노랑턱멧새, 알락할미새, 상모솔새, 황조롱이, 메추라기 등을 볼 수 있어. 그중에서 괭이갈매기는 독도에서 가장 많은 개체 수가 관찰됐어. 서도의 절벽과 동도 독립문바위 서쪽, 그리고 개밀이 자라는 곳에서 주로 번식하는 괭이갈매기는 2,000~3,000마리로 추정돼. 그다음으로는 바다제비, 슴새 순이지. 동북아시아에서만 볼 수 있는 바다제비와 슴새는 독도에서 그 수가 점차 줄어들고 있어.

벌매

괭이갈매기

멸종 위기 조류도 여럿 있는데, 1급 멸종 위기 종인 매, 그리고 2급 멸종 위기 종인 벌매, 솔개, 뿔쇠오리, 올빼미, 물수리, 고니, 흑비둘기 들이야.

독도는 남북으로 이동하는 철새들이 쉬어 가는 '구원섬'이야. 깝작도요, 황로, 왜가리, 슴새 등의 여름철새와 민물도요, 재갈매기, 말똥가리 등의 겨울철새, 그리고 꺅도요, 노랑발도요, 청다리도요

등의 나그네새까지, 다양한 철새들이 오가며 머물고 있지.

현재 독도에 자생하는 야생 포유류는 없단다. 독도 경비대에서 삽살개를 키웠지만 독도의 자연환경을 파괴한다는 지적을 받아 육지로 떠났지. 예전에는 독도 주변 암초에 해양 포유류인 강치가 많이 살았지만 현재는 멸종된 것으로 알려졌어. 일제강점기에 일본 어업회사가 가죽과 기름을 얻기 위해 마구 잡아들였기 때문이야.

또 1973년에 경비대가 육지에서 토끼 10마리를 가져와 방사한 적이 있었는데, 한때 그 수가 너무 많아져 식생을 파괴하는 문제를 일으켰다고 해. 지금은 모두 사라졌어. 섬 바깥에서 동식물을 들여올 때는 신중해야 한다는 교훈을 얻었지. 섬이라는 특수한 환경을 고려해야 하니까.

독도의 곤충류는 잠자리, 집게벌레, 메뚜기, 매미, 딱정벌레, 파리, 나비 등 53종이 사는 것으로 알려져 있어. 개체수는 조사 시기에 따라 약간의 차이를 보여. 독도는 해류와 계절풍의 영향으로 비교적 온난해서 남방계 곤충(50.9%)이 북방계 곤충(39.7%)보다 많이 살고 있어. 연구자들은 이 곤충들이 해류의 이동을 따라 옮겨진 것으로 보고 있어. 한반도와의 공통 종이 전체의 90% 이상을

남방남색꼬리부전나비

차지하고, 울릉도와의 공통 종은 70% 정도야. 독도 고유종의 비율은 약 8%야. 학자들은 이런 점을 근거로 독도가 한반도와 밀접한 관련을 가졌으며, 생태 서식지가 한반도▶울릉도▶독도 순으로 이동한 것으로 판단하고 있단다.

그동안 독도에서는 독도장님노린재, 섬땅방아벌레, 어리무당벌레, 남방남색꼬리부전나비 등 국내에서 알려지지 않은 미기록 종이 발견돼 학계의 주목을 받기도 했어.

사라진 독도강치

지금은 사라진 독도강치는 어떤 동물일까? 강치는 물범, 물개, 바다사자처럼 바다에 사는 포유동물의 일종이야. 독도강치는 분류학상으로 보면 물개과 강치속에 속해. 참고로 우리나라 주변 바다에는 물개과 북방물개속에 속하는 북방물개, 큰바다사자속에 속하는 큰바다사자, 물범속에 속하는 짐빅이물범이 살아. 다 자란 강치 수컷은 몸길이가 2.5미터, 몸무게는 500킬로그램이나 나가지. 덩치만 놓고 보면 어미 소보다 약간 작은 정도야. 다 자란 암컷은 1.5미터로 수컷보다 작아. 강치는 무리 지어 생활하는데 수컷 한 마리가 여러 마리의 암컷을 데리고 살아. 수명은 20년 정도로 오래 사는 편이지.

독도강치는 낮에 바다에 들어가 물고기나 오징어 등을 사냥하다가 배가 부르거나 지치면 바위에 올라 잠을 자거나 휴식을 취했다고 해. 우리는 독도강치라고 부르지만 영어권에서는 일본바다사자(Japanese sea lion)로 알려져 있어.

한반도와 일본, 러시아 캄차카 남부와 사할린 등 북서태평양에 많이 살았던 독도강치는 20세가 초반 시작된 일본의 상업적인 포획으로 급격히 줄어들기 시작했어. 1940년 상업 포획이 금지됐지만 강치의 숫자는 계속 줄었고, 결국 사라졌지. 독도에는 1951년에만 해도 50~60마리가 살았고, 1970년대까지만 해도 간혹 강치를 목격했다는 보고가 있었어.

지금은 박제로 만든 표본이나 모형으로만 독도강치를 만날 수 있어. 독도강치 박제는 일본의 몇몇 박물관과 네덜란드 라이덴자연사박물관에 있어. 영국 런던에 있는 대영박물관에는 독도강치의 모피와 두개골이 있단다.

우리나라는 러시아, 중국, 일본 등과 협력해 동해에 강치를 복원하려는 시도를 하고 있어. 러시아로부터 독도강치를, 미국에서 캘리포니아강치를 동해에 옮기는 방안이 검토되고 있지.

일본인들이 강치를 포획하는 모습

독도강치(박제)

독도의 고유한 생물종, 독도강치

강치는 크게 독도강치, 캘리포니아강치, 갈라파고스강치 3종이 있어. 캘리포니아 강치는 숫자가 비교적 많지만, 독도강치는 멸종 선고를 받았고, 갈라파고스강치는 멸종 위기에 처했어. 독도강치는 캘리포니아강치와 작은 차이는 있지만 같은 종으로 분류되기도 했어. 그런데 2003년 두개골의 형태 연구 자료와 2007년 유전자 분석 자료를 바탕으로 지금은 독도강치를 별개 종으로 구분해. 우리나라 동해와 북아메리카 캘리포니아 해안, 갈라파고스 제도는 지리적으로 아주 멀리 떨어져 있고, 유전적으로 큰 차이를 보이기 때문이야. 그래도 여전히 독도에 살던 강치를 캘리포니아강치와 같은 종으로 생각하는 학자도 있어.

캘리포니아강치

독도의 바다생물

독도와 관련한 영토 문제가 여러 차례 불거지면서 독도 해양 생태계의 특성과 함께 주변 바다의 수산자원에 대한 재평가도 이루어지고 있어. 독도 주변 바다의 생태와 자원에 대한 조사는 몇 차례 이루어졌지만 본격적인 수중 생태 조사는 1997년부터 시작됐어.

독도와 울릉도는 남쪽에서 올라오는 난류의 영향권에 속해 있어 많은 난류성 생물이 서식하고 있어. 겨울철에는 수온이 10℃ 이하로 떨어져 한류성 생물종들도 서식하고, 난류와 한류가 교차하는 해역의 특성을 보여 주지. 때문에 독도는 우리나라 동해안이나 남해, 제주도와 다른 독특한 특징을 지닌 곳으로 생태학으로도 매우 중요한 해역이야.

독도 주변 해역에서 관찰되는 어류는 무려 180여 종이나 돼. 멸치, 방어, 고등어, 전갱이, 돌돔, 정어리, 청어, 명태, 대구, 꽁치, 연어, 볼락, 도루묵, 자리돔, 쥐치, 참가자미 등 우리가 자주 먹는 물고기가 살아. 또 청줄돔, 줄도화돔, 연무자리돔, 일곱줄얼게비늘, 세줄얼게비늘 등 아열대 바다에 사는 물고기도 볼 수 있지. 독도에는 상대적으로 제주도 남부 해역보다 온대 어종이 많은데 이는 독도 주변 해역에서 난류와 한류가 교차하기 때문이야. 연구자들은 앞으로 지구 온난화로 독도 주변 해역에

난류가 강해지면 열대, 아열대성 어종들이 추가 발견될 것으로 예상하고 있어.

또 독도 연안의 해조류는 대황, 감태, 미역 등 대형 갈조류를 포함해 총 160여 종이 관찰됐어. 무척추동물은 한대성·온대성이 섞여 사는데, 독도 인근 바다에는 연체동물 40종, 환형동물의 갯지렁이류 56종, 절지동물의 갑각류 55종, 극피동물 6종 등을 포함해 모두 157종의 무척추동물이 살고 있다고 해.

이렇게 독도는 다양한 생물이 서식하기에 적합한 바닷속 환경을 지니고 있어. 독도 연안에 서식하는 많은 어종들의 어린 물고기 유치원으로 이용되고, 또 계절에 따라 환경 변화가 크다 보니 다양한 회유성 어종(한 곳에 머물지 않고 먹이와 해류를 따라 이동하는 물고기들)이 나타나. 또 빼어난 수중 경관을 가지고 있어 울릉도와 독도 연안을 연계한 관광자원 개발 잠재력이 매우 큰 곳이야. 따라서 독도 연안의 생물자원에 대한 정밀한 조사와 바닷속 생태 보존과 관리를 위해 다 함께 노력해야 해.

바다가 변하고 있다

바다 환경의 변화를 가장 쉽게 알아볼 수 있는 방법은 생물의 변화를 살피는 거야. 예를 들어 제주도 남부 해역에서는 매년 새로운 열대와 아열대 생물들이 확인되는데 이를 통해 바다 온도가 과거보다 상승했다는 사실을 알 수 있어. 감태나 일부 열대 아열대 바다식물 분포 범위가 북쪽으로 확대되는 것도 같은 현상이야.

이런 현상은 독도에서도 확인되고 있어. 과거에는 발견되지 않았던 새로운 어종들이 발견되고 있거든. 주로 따뜻한 바다에서 살던 물고기들이

많아졌지. 바다의 수온이 올라가면서 남부 해역에서 매년 새로운 열대와 아열대 생물이 발견되는 것처럼 독도 주변 바다도 따뜻해지면서 이전에는 볼 수 없었던 해양생물이 발견되는 거야. 1990년대부터 울릉도, 독도 해역 조사에서 발견된 미기록 어종은 청황베도라치, 다섯줄얼게비늘, 흑백자리돔 등이 있어. 최근에는 제주도 인근 바다에서만 관찰되던 나가사끼자리돔, 세줄가는돔과 같은 물고기도 울릉도와 독도 근처 바다에서 발견되고 있어.

실제 동해의 수온은 지난 100년 사이에 약 0.8℃ 상승했어. 큰 수치가 아니라 심각하게 생각하지 않을 수도 있지만, 변화된 환경에 곧바로 적응하기 힘든 동식물에게는 치명적일 수 있어. 세상이 꽁꽁 얼어 버렸던 빙하기도 사실 간빙기와 비교하면 수온이 5~6℃ 정도 낮을 뿐이었단다.

독도의 해조류

우리나라 바다에는 800여 종의 해조류가 서식하는데, 울릉도와 독도 연안에서 확인된 해조류는 모두 100여 종으로 녹조류 20여 종, 갈조류 50여 종, 홍조류 30~40종이 있지. 독도 연안의 해조류는 동해안보다는 남해안과 닮았지만 남해안이나 제주도와도 구별되는 독도 연안만의 특성을 가지고 있단다.

대형 갈조류를 제외한 종들은 특정 지역에 모여 살아. 경사가 수직에 가까운 직벽 지형이 많고 밀물과 썰물에 의한 조석 차이가 작은 독도의 지형 특성상, 조간대(밀물 때의 가장 높은 해수면 높이와 썰물 때 가장 낮은 해수면 사이)에 해조류가 발달하기는 어려워. 동도와 서도 사이의 바다는 좁고 수심이 얕아 연안의 특성을 보이는데 바로 이곳에서 다양한 해조류를 만날 수 있어. 평평한 암반으로 된 서도에는 웅덩이가 많아 여름과 가을에 파래와 갈파래 같은 녹조류가 번성하고, 겨울철에는 김이나 김파래 등 홍조류가 많이 자라. 경사가 급한 연안에는 산호말, 서실, 게발 같은 홍조류가 많아.

독도의 조간대에는 겨울철부터 봄까지 긴잎돌김, 김파래, 개서실 등이 많이 자라서 동해의 중부 연안과 비슷한 모습을 띠지만 수심이 깊어질수록 대형 갈조류와 비단풀 같은 홍조류가 늘어 남해와 제주도 연안과 비슷해져. 울릉도와 독도 연안에서 만날 수 있는 대표적인 해조류는 조하대(썰물 때도 물이 빠지지 않고 바닷물에 항상 잠겨 있는 부분)에 군락을 이루는 대황과 감태를 꼽을 수 있어.

감태 군락

사라져 가는 독도의 해조 숲

광합성을 통해 영양분을 만드는 1차 생산자 식물이 없다면 식물을 먹고사는 초식동물이 살 수 없어. 초식동물이 사라지면 육식동물도 사라지게 되는 거지. 바닷속 생태계도 마찬가지야. 해조류는 광합성을 통해 바다에 산소를 공급하고 어류들의 서식처가 되어 주기도 해. 독도가 건강한 생태계를 유지할 수 있었던 것도 아마존 밀림처럼 무성한 해조 숲이 있었기 때문이야.

그런데 안타깝게도 바닷물 온도가 상승하고 산성화되면서 독도 주변 바다의 해조류 숲이 점점 사라지고 있어. 대표적인 현상으로 백화현상과 갯녹음이 있어.

물이 따뜻해질 때 해조류가 녹아 없어지는 현상을 갯녹음이라고 해. 바닷물 온도가 지속적으로 오르면 해조 숲이 손상돼 심각한 해양 생태계 변화가 일어나지. 또

백화현상이 일어난 암초

해조류가 사라진 자리엔 홍조류의 일종인 석회조류가 번성하게 되는데, 석회조류가 암석을 덮어 암석에 더 이상 새로운 해조류가 자라지 못하는 현상을 백화현상이라고 해. 탄산칼슘과 탄산마그네슘 성분의 석회질이 암석에 두껍게 쌓이면 하얗게 보이기 때문에 '백화현상'이라고 부르지.

해조 숲 손상은 해조류를 먹는 초식동물의 증가로 일어나기도 해. 해조류를 먹는 개체 수가 증가하면 해조 숲을 이루는 해조류를 빠르게 먹어치우게 되고, 해조류가 없어진 자리를 석회조류가 차지하면서 백화현상이 일어나거든. 해조류가 자랄 수 없는 환경의 악순환이 반복되는 거지.

해조 숲 손상은 이미 독도 앞바다에서 진행 중이야. 독도 바다의 대황과 감태 숲이 지속적으로 줄어드는 것으로 조사됐어. 대신 석회조류가 점차 늘어나고 있지. 정부는 매년 5월 10일을 바다 식목일로 정해 해양 생태계의 중요성을 알리고 해조류를 심어 해조 숲을 조성하고 있단다.

해조류를 먹어치우는 성게

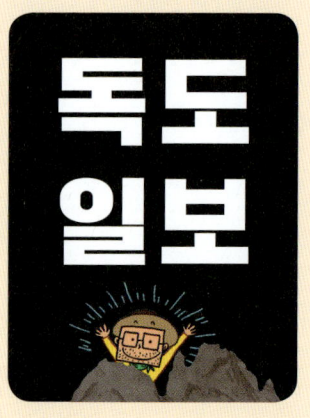

독도 해양 연구와 과학 기술

미지의 세계, 바다를 연구하기 위해서 다양한 과학 기술과 첨단 장비들이 개발되고 있다. 독도를 품은 바다 동해를 탐구하기 위한 우리나라의 과학 기술도 점점 발달하고 있다.

해양조사선 온누리호와 이사부호

해양조사선은 바닷속 지형이나 기후, 해류의 흐름 등을 조사하는 선박을 말한다. 해양조사선은 해양 관측에 필요한 여러 가지 장비를 보유하고 있다. 수층별 수온과 염분을 측정하는 장비, 지질 탐사 장비, 음향을 측정하는 장비, 심해저 카메라 시스템 등이다. 또 배 위에서 연구가 가능하도록 실험실과 연구실도 갖추고 있다.

우리나라 최초의 종합해양조사선 온누리호는 1991년 노르웨이에서 건조되어, 1992년 거제로 입항한 뒤 해마다 200일 이상 항해했다. 1,422톤으로, 연구원과 선원 41명이 승선할 수 있는 선박이다. 온누리호는 우리나라 동해와 전 세계 대양을 누비며 남극 해역 생태계 조사, 태평양 심해 광물자원 탐사 등 중요한 역할을 담당했다.

온누리호는 또 독도 연안과 동해에서 해저 광물자원을 탐사하고, 해양 환경을 조사했다. 기후 변화가 어떻게 이루어지고 있는지, 폐기물이나 방사능 오염은 없는지 살핀 것이다. 또 해군의 사업을 보조하기도 하고, 해상 사고 처리를 지원하는 등 여러 방면에서 활약했다.

온누리호가 유일한 연구선이었기 때문에 우리나라는

온누리호

이사부호

20여 년 동안 대양과 심해 연구를 온누리호에 전적으로 의존했다. 하지만 낡은 선체와 장비, 규모, 기능적인 면에서 연구를 계속하기에는 한계에 이르렀고, 2012년 다목적 대형 연구선의 건조를 시작했다. 그리고 2016년 5,900톤급 해양조사선 이사부호가 취항했다. 이사부호는 60명이 승선할 수 있으며 첨단 탐사 장비와 측정기뿐 아니라 25톤 대형 크레인, 3톤에 이르는 무인 잠수정 등 다양한 장비를 갖추어 '바다에 떠 있는 해양 과학 연구소'라 불린다. 이사부호가 수집한 데이터는 위성을 통해 육지의 연구실과 실시간 공유된다. 5,000톤급 이상의 대형 해양조사선을 가진 나라는 우리나라를 포함해 전 세계에 여덟 개 나라뿐이다.

독도 해양관측부이

2009년 한국해양과학기술원 동해연구소에서는 독도 주변 해역을 관측하기 위한 관측부이를 설치했다. 독도 해양관측부이, 줄여서 독도부이라고 부르는 이 장비에는 풍향풍속계, 기온 및 습도계, 기압계 등 기본적인 기상 관측 장비와 수온 및 염도계, 해수의 투명도 및 엽록소 센서, 해류계 등 해양의 특성을 파악하기 위한 장비들이 설치되어 있다. 이로써 독도 주변 해역을 직접, 장기적으로 관측할 수 있게 됐다. 독도부이는 동도 동쪽으로 약 3.2킬로미터 떨어져 있으며, 고정된 수심은 139미터이다.

독도부이

무인원격잠수정 해미래

지구 표면의 70% 이상은 바다이고, 바다의 93%는 수심 200미터 이상의 심해이다. 미지의 세계와도 같은 심해를 탐사하기 위해 세계 여러 나라는 앞다투어 잠수정을 개발했다. 영국은 1872년 최초로 심해를 조사했고, 심해 생물 연구는 1950년대 와서 이루어졌다. 독도 주변 해역은 국내 심해 연구의 최적지이다. 독도와 독도 주변 심해를 제대로 연구하기 위해서 우리나라는 수심 6,000미터까지 탐사할 수 있는 국산 무인잠수정 '해미래'를 개발했다. 미국, 일본, 프랑스에 이어 세계 네 번째로 개발한 무인잠수정이다. 해미래는 2007년부터 온누리호에 실려 동해 1,500미터 심해

독도부이는 바로 아래의 수심 1미터뿐 아니라 20미터, 40미터, 60미터, 80미터, 100미터, 120미터까지 총 7개의 관측장비가 설치되어 있다. 수심별로 관측하는 것은 해양의 내부를 입체적으로 알기 위해서다. 실제로 독도부이가 관측한 바다 표면 수온은 여름에 25℃, 겨울에 10℃ 정도지만, 수심 120미터에서는 계절 변화와 상관없이 연중 10℃ 이하를 유지한다. 독도부이는 이 같은 관측 자료를 위성을 이용하여 한국해양과학기술원으로 전송하고 있다.

해미래

에서 해저탐사를 수행했다. 울릉분지의 생태 환경 관측, 해저면 시료 채취, 해저지형 정밀 관측 등의 탐사 활동을 펼쳤으며, 해저 2,050미터 지점에 동판 태극기를 설치하기도 했다. 또 동해에서 메탄 하이드레이트를 발견하고 메탄가스 분출 해역의 해저 환경을 탐사했다. 해미래는 로봇 팔과 각종 계측 장비, 수중 카메라와 조명 장치를 달고 있으며 무게는 3,700킬로그램이다.

해저탐사 로봇 크랩스터

2016년 국내 연구진은 바닷속 6,000미터 깊이에서 탐사할 수 있는 세계 유일의 보행형 로봇을 개발했다. 크랩스터는 스크루로 움직이는 다른 심해잠수정과 달리 여섯 개의 다리로 걸어 다니는 해저 보행 로봇이다.

크랩스터는 심해 열수광상을 탐사하는 데 최적화되어 있다. 열수광상이란 마그마 분출로 뜨거워진 물이 해저로 솟구쳐 식으면서 품고 있던 광물 성분이 분리돼 바닥에 쌓인 지형을 말한다. 이런 곳은 대부분 경사지로 이루어져 있는데, 그동안 심해잠수정은 울퉁불퉁한 지역에 착지하거나 머물기 힘들어 관찰하는 데 한계가 있었다. 하지만 게와 가재처럼 움직이는 보행 방식을 사용하고 상하좌우로 헤엄칠 수도 있는 크랩스터는 경사면이나 울퉁불퉁한 지형뿐 아니라 조류가 강하고 물이 탁한 지역도 탐사가 가능하다. 세계적으로 독창성과 우수성을 평가받은 크랩스터는 2016년부터 온누리호에 실려 동해 1,500~2,000미터 해저 지역을 탐사했으며, 필리핀 인근 6,000미터 심해 탐사에도 나섰다. 또 크랩스터는 2017년 평창 동계올림픽 성화 봉송에 참여해 눈길을 끌기도 했다.

크랩스터

4장
독도를 둘러싸고

역사가 말해 주는 우리 땅 독도

현재 모든 외국 항공기는 대한민국의 허가를 받지 않고서는 독도 상공을 지나갈 수 없어. 독도와 독도의 하늘 모두 대한민국의 주권이 미치는 공간이기 때문이야. 또 독도에 들어가려면 대한민국 땅을 통해서만 들어갈 수 있어. 독도가 자기네 땅이라고 주장하는 일본을 통해서는 독도에 갈 수 없단다.

일본은 1905년 2월 독도를 영토로 편입한 이후, 끊임없이 독도가 자기네 땅이라고 주장하고 있어. 거기에는 정치적, 군사적, 경제적 목적이

울릉도 남서리에서 발굴된 돌무지무덤

있단다. 하지만 독도는 아주 옛날부터 우리 땅이었어. 자, 그럼 역사적 기록을 한번 살펴볼게.

독도는 울릉도에 딸린 부속 섬이야. 그래서 울릉도의 역사를 살펴보면 독도에 대한 기록이 자주 발견되지. 울릉도는 옛날부터 우산국이라고 불렸는데, 우산국의 성립과 발전을 기록한 고대 문서는 아직 발견되지 않았단다.

하지만 울릉도에 사람이 살았다는 역사 기록은 3세기로 거슬러 올라가. 중국 역사서인 《삼국지》의 '위서 동이전 옥저조'에 이런 기록이 나오거든. "옥저의 노인이 말하기를, 언젠가 배를 타고 고기잡이를 하다가 바람을 만나 수십 일 동안 표류하다가 동쪽 섬에 표착했는데 그 섬에 사람이 살고 있었지만 언어가 통하지 않았고, 그들은 해마다 칠월이 되면 소녀를 가려 뽑아 바다에 바친다"고 말이야. '동쪽 섬'을 우산국으로 볼 것인지 대해서는 의견이 나뉘어.

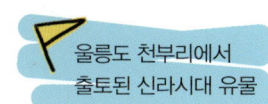
울릉도 천부리에서 출토된 신라시대 유물

하지만 울릉도에서 기원전 3세기 유물이 발견되면서 선사시대에 이미 사람이 살기 시작했고, '우산국'이라는 국가가 성립했다는 것을 추정하게 됐어. 서울대학교박물관이 1997년부터 1998년까지 모두 열한 차례에 걸쳐 울릉도 조사를 벌였는데, 울릉도 북면 현포리와 서면 남서리 등지

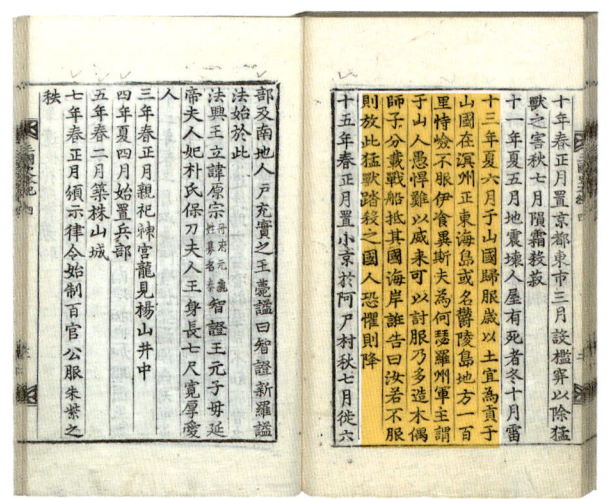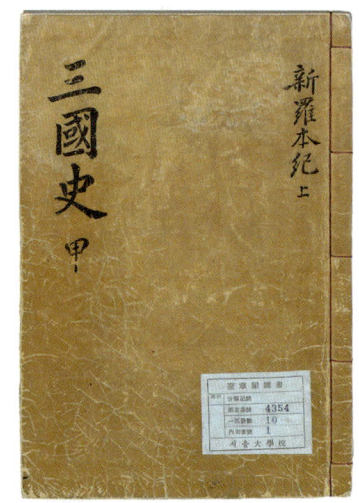

🚩 신라의 이사부 장군이 우산국을 굴복시킨 이야기를 전하는 《삼국사기》 '지증왕 13년' 부분

에서 무문토기와 돌기둥, 고인돌 등을 찾아냈어. 이 유물들의 성분을 분석한 결과, 기원전 300년쯤인 철기시대 전기의 것으로 확인됐지. 이 유물들은 고대국가인 함경도 옥저나 강원도 동예에서 울릉도로 건너온 사람들이 쓰던 것으로 알려졌단다.

우산국의 성립과 발전에 대한 기록은 없지만 우산국 멸망에 관한 역사 기록은 남아 있어. 《삼국사기》 지증왕 13년 6월(512년)의 기록에 따르면 "우산국이 지세가 험난하고 사람들이 용맹해 결국 하슬라주(강릉)의 군주가 계략을 써서 복종시켰다"고 해. 이는 당시 하슬라주의 군대가 신라

최전방을 담당하던 최정예 부대였음에도 우산국을 정벌하기 쉽지 않았다는 얘기로, 우산국의 군사력이 상당히 높은 수준이었다는 것을 짐작할 수 있지.

나중에 고려의 태조 왕건이 후백제 견훤을 물리치고 후삼국의 주도권을 장악하면서 우산국은 다시 독자적인 세력을 유지하게 돼. 하지만 《고려사》 1권 태조 13년 8월(930년)에는 "우릉도가 백길과 토두를 보내어 토산물을 바치자 두 사람에게 정위와 정조라는 관직을 내렸다"는 기록이 있어. 고려시대에 다시 울릉도가 한반도의 지배를 받았다는 걸 알 수 있지.

🚩 왕이 동해의 우릉도 이야기를 듣고 관리를 보냈다가 '돌이 많아 사람이 백성이 살 수 없다'는 보고를 들었다는 《고려사》 '의종 11년' 부분

고려 현종 9년에는 여진의 침략으로 피해를 입자 울릉도로 농기구를 보내 준 기록이 있어. 이후 고려사에는 한동안 울릉도와 독도에 관한 기록이 나오지 않는데, 이는 여진의 침입으로 그 일대가 황폐해졌기 때문일 거야. 고려 의종 11년(1157년)에는 울릉도를 적극 개발하려다 중단한 기록이 나오기도 하고, 원 간섭기에는 울릉도의 주민이 고려 조정 회의에 참석한 기록도 있어.

일본과 계속된 영토 분쟁

조선시대 역사를 상세히 기록한 《조선왕조실록》에는 울릉도와 독도가 자주 등장한단다. 고려 말~조선 초 왜구의 노략으로 피해가 심해지자 15세기 초 조선 태종은 주민의 피해를 우려해 '쇄환정책'을 실시했어. 쇄환정책은 울릉도 같은 섬 거주민을 육지에 나와 살도록 강제 이주시킨 정책이야. 또 울릉도 거주민의 이주를 위해 관리를 파견하기도 했지.

태종 17년에는 울릉도와 주변 섬을 조사하기 위해 삼척 만호 김인우를 무릉등처안무사로 임명했으며, 그 뒤부터는 '무릉등처' 대신 '우산·무릉등처'라는 용어를 사용했어.

세종도 몇 차례나 울릉도 주민 이주정책을 실시하면서 김인우를 우산·무릉등처안무사로 임명하고 우산도와 무릉도의 두 섬을 순견하는 임무를 맡겼어. 《세종실록지리지》는 당시 조선의 통치 영역을 명확하게 보여 주는 자료로, 조선이 쇄환정책을 계속 유지하면서도 우산도와 무릉도를 여전히 통치 아래 두었다는 증거란다.

조세와 군역의 동원을 피해 울릉도와 독도로 도망가는 강원도민의 수가 증가하자 강원도 감사 유계문은 "무릉도

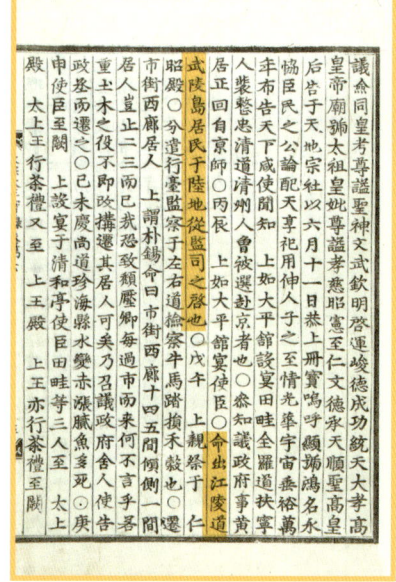

무릉도 주민을 섬 밖으로 나오도록 명령했다는 《태종실록》 '태종 3년' 부분

의 우산이 비옥해 산출이 많고, 또한 사람이 없어 왜노들이 점거할 우려가 있으니 무릉도에 군현을 설치하고 백성을 살게 하자"고 주장했어. 하지만 세종은 "육지에서 멀고 바람과 파도가 심하니 대신 매년 사람을 보내 탐색을 하고 토산물을 채취하라"는 명령을 내렸지.

임진왜란 뒤 통치력이 많이 약화된 조선 조정은 김연성과 군사 260명을 울릉도로 보내 정세를 살폈어. 힘들어진 나라 사정에도 울릉도를 지켜 내고자 한 의도를 알 수 있지.

조선은 1895년 도감제를 실시해 울릉도를 관할했어. 울릉도 인구가 1899년에는 2,000명에 이르자 대한제국은 울릉도를 다시 시찰하고 1900년 10월 25일 칙령 제41호를 반포해 울도군을 신설해. 그리고 울도군의 관할구역은 관보 1716호에 수록되면서 법적인 효력을 지니게 돼.

하지만 당시 울릉도에는 이미 일본인들이 상당수 들어와 느티나무를 몰래 베어 가고 있었어. 1903년 울도 군수 심흥택 보고에 따르면, 일본인에게 벌목을 허가한 적이 없으므로 처음부터 불법이었고, 앞으로 벌목은 금한다고 일본 순검에게 경고했다고 했어. 하지만 일본 순검은 "일본인이 이 섬에서 벌목한 것이 이미 10년이 지났고, 대한제국 조정과 일본 공사가 교섭해 명령한 바가 없으니 이를 금지할 수 없다"고 했어. 당시 나라의 힘이 약해 이런 일이 벌어졌지만 우리와 교섭을 전제로 해야 한다고 하니 일본도 독도가 우리 땅임을 인정한 셈이야.

한편, 러일전쟁을 치르며 독도의 중요성을 더욱 깨달은 일본은 독도에 해군 망루를 세우고 무선전신을 설치하기 위해 1905년 1월 28일 독도를 일본 영토로 편입해. 뒤늦게 이 사실을 알게 된 대한제국이 반박하지만, 을사늑약으로 외교권을 박탈당해 항의할 데가 마땅치 않았어. 설상가상으로 조선통감부가 설치된 뒤에 '한일어업협정', '한국어업법'이 시행되면서 우리 어민은 까다로운 허가 절차를 거쳐야만 울릉도, 독도에서 물고기를 잡을 수 있게 됐어. 연안 어장을 일본 어민에게 고스란히 내주게 된 거지. 일본은 1942년 태평양전쟁을 일으키고 대규모 공출과 징병, 징용을 했는데, 울릉도도 이를 피해 갈 순 없었어. 울릉도 식량과 물자를 모두 빼앗기고 주민들은 명이, 쑥, 칡 등으로 버텨야 했지.

일제강점기의 사료 중 독도에 관한 언급은 일본 해군

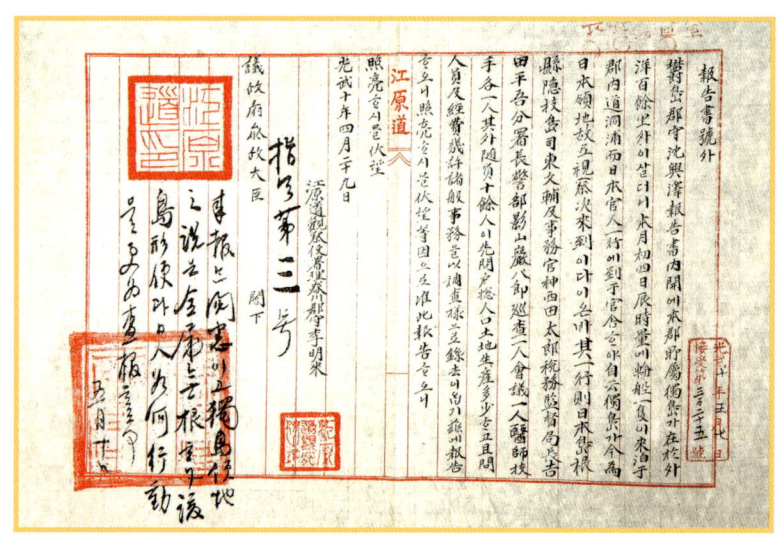

▶ 울릉군수 심흥택의 보고에 따라, "독도가 일본의 영지가 되었다"는 일본 관리의 말을 전하는 강원도 관찰사 서리 이명래의 1906년 보고서

성 수로부에서 만든《일본수로지》에서도 찾아볼 수 있어. 경술국치 이전의《조선수로지》와 그 이후의《일본수로지》에는 울릉도와 독도를 조선의 영토로 표기하고 있어. 독도를 울릉도로부터 떼 내어 일본의 영토로 설명하기 시작한 것은 1952년 이후부터야.

  일본의 항복으로 제2차 세계대전이 끝난 후 연합국 최고 사령부는 각서를 통해 울릉도와 독도, 제주도는 일본 영토에서 제외된다고 언급을 했어. 이어 일본의 선박 및 국민은 독도의 12해리 이내에 접근하지 못한다는 지령을 내리지. 이로써 국제적으로 울릉도와 그 부속 도서가 대한민국의 영토임을 명백히 인정받게 됐어.

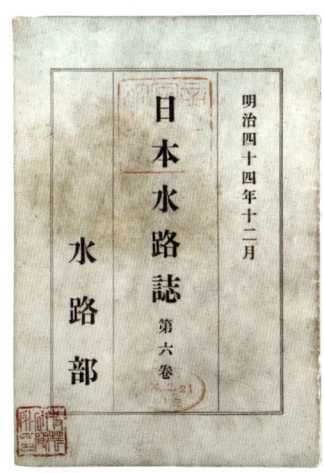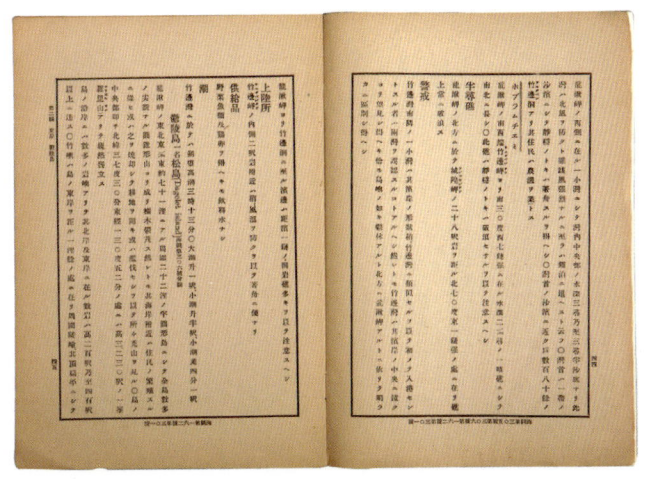

▶ 독도가 울릉도의 부속 도서로서 한국 영토임을 밝힌 일본 해군 공식 간행물《일본수로지》

독도를 지킨 사람들

오랜 영토 분쟁 속에서도 독도를 우리 땅으로 지킬 수 있었던 데는 많은 사람들이 써 내려간 역사가 있었단다. 어떤 사람들인지 살펴볼까?

우산국을 복속시킨 이사부 장군

이사부는 울릉도와 독도가 신라에 복속된 근원을 제시한 최초의 인물이야. 내물왕의 4대 손인 이사부 장군은 신라 지증왕 13년(512년)에 울릉도에 있던 우산국을 신라에 복속시켰어. 이사부는 지증왕 13년 하슬라(강릉)주 군주가 되자 우산국 정복에 나서지. 《삼국사기》에는 이사부의 우산국 정복 얘기가 자세히 나와. 이사부는 우산국 사람들이 사납고 거칠어 힘으로 굴복시키기가 어렵다고 판단하고 계략을 꾸몄어. 이사부 장군은 나무로 만든 사자 인형을 배에 잔뜩 싣고 우산국 해안에 이른 후, "너희들이 항복하지 않으면 곧 이 맹수들을 풀어 모조리 밟아 죽이리라"고 위협

했다고 해. 이사부 장군의 꾀에 넘어간 우산국 사람들은 순순히 항복하고 매년 조공을 바치겠다고 약속했어. 우산국은 신라뿐 아니라 고려왕조 이후에도 조공 관계를 맺고 토산물을 바쳤지.

민간 외교가 안용복

안용복은 조선 후기 부산포에 있던 왜관에 출입하며 일본말을 배웠어. 그는 1693년 군역을 마친 뒤 울릉도 부근으로 전복을 따러 갔다가 일본의 어부들과 부딪쳤어.

안용복은 일본 어부들에게 "왜 남의 바다에 와서 고기를 잡느냐"고 항의하다 일본의 오키시마로 납치돼. 오키시마로 끌려가 조사를 받는 중에도 뜻을 굽히지 않고 울릉도와 독도가 우리 땅임을 주장했어.

얼마 후 안용복은 죄인 신분으로 도쿠가와 막부로 끌려갔어. 일본 문헌인 '통항일람'을 보면, 안용복은 막부 조사에서도 "울릉도와 독도는 조선에서 불과 하루 거리지만, 일본 땅에서는 닷새 거리이므로 분명히 우리 땅"이라는 주장을 굽히지 않았지. 결국 안용복의 주장에 굴복한 도쿠가와 막부는 안용복에게 울릉도와 독도는 일본 땅이 아니라는 서계(조선 시대 일본과 내왕한 공식 외교문서)를 주고 풀어 줘.

그러나 안용복은 송환 도중 나가사키에서 대마도주에게 서계를 빼앗기고, 다시 대마도에서 약 90일간 구금돼. 대마도주는 서계의 내용을 뜯어고치고 울릉도와 독도의 관할권을 주장했어. 당시 대마도 사람들이 울릉도 근해로 흐르는 쿠로시오 해류를 이용해 울릉도와 독도 부근으로 와서 물고기를 잡고 있었거든.

당시 조선 조정은 울릉도에 농토가 없고 땅이 척박해 사람들이 살기에 적합하지 않다는 이유로 수토정책을 써 왔어. 수토정책은 울릉도에 거주를 금하고 관리를 두어 순찰하도록 한 조선 후기의 정책이야. 당시 노론이 지배하던 조선 조정은 임진왜란 후 두 나라의 관계를 의식해 조선과 일본 사이에 불씨를 만든 안용복을 은근히 나무라는 분위기였어.

그 뒤 다시 권력을 잡게 된 소론은 노론과 달리 울릉도와 독도에 대한 영유권을 주장하는 서계를 일본 막부에 보냈어. 일본 막부는 결국 1696년 1월 28일 일본인들의 울릉도와 독도 근해에 대한 도해 금지 조치를 내렸어.

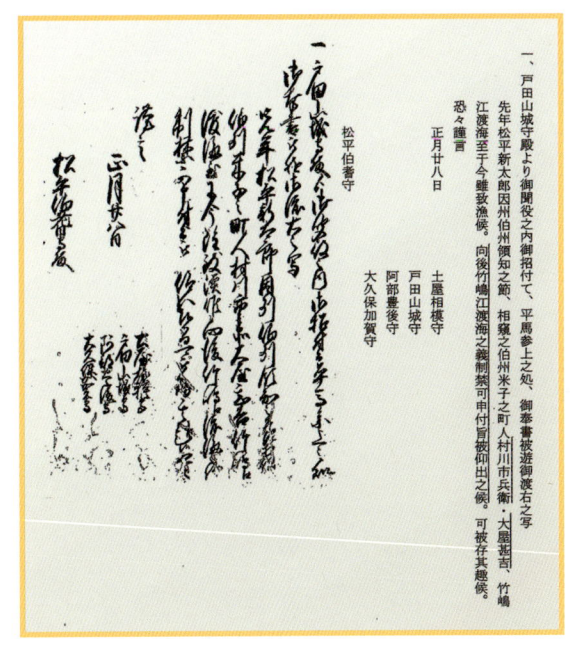

일본 어민들이 울릉도로 가는 것을 금지한다는 내용의 〈도해금지령〉

하지만 직접적인 이해관계가 있는 대마도주는 도쿠가와 막부의 말을 듣지 않고 계속 조선 조정에 영유권을 주장했어. 이에 안용복은 스스로를 '울릉우산양도감세관'이라고 하고 울릉도로 건너가 일본인들을 내쫓고, 그 길로 일본으로 들어가 강력한 항의 끝에 다시 도쿠가와 막부로부터 "울릉도와 독도는 일본 땅이 아니다"는 확약을 얻어 냈어. 그래도 대마도주가 말을 듣지 않자, 조선 조정으로 보내는 일본 막부의 물자들을 대마도주가 횡령한 사실을 일본 막부에 알리겠다고 협박해 완전한 굴복을 얻어 냈지. 대마도주가 울릉도와 독도의 조선 영유권을 인정한 문서가 바로 《변례집요》란다.

강원도 양양으로 돌아온 안용복은 이 사실을 비변사에 알렸지만, 조선 조정은 벼슬을 속이고 외교 문제를 일으켰다는 이유로 안용복을 체포했어. 안용복은 나라의 허가 없이 국경을 넘나들었다는 죄목으로 사형선고를

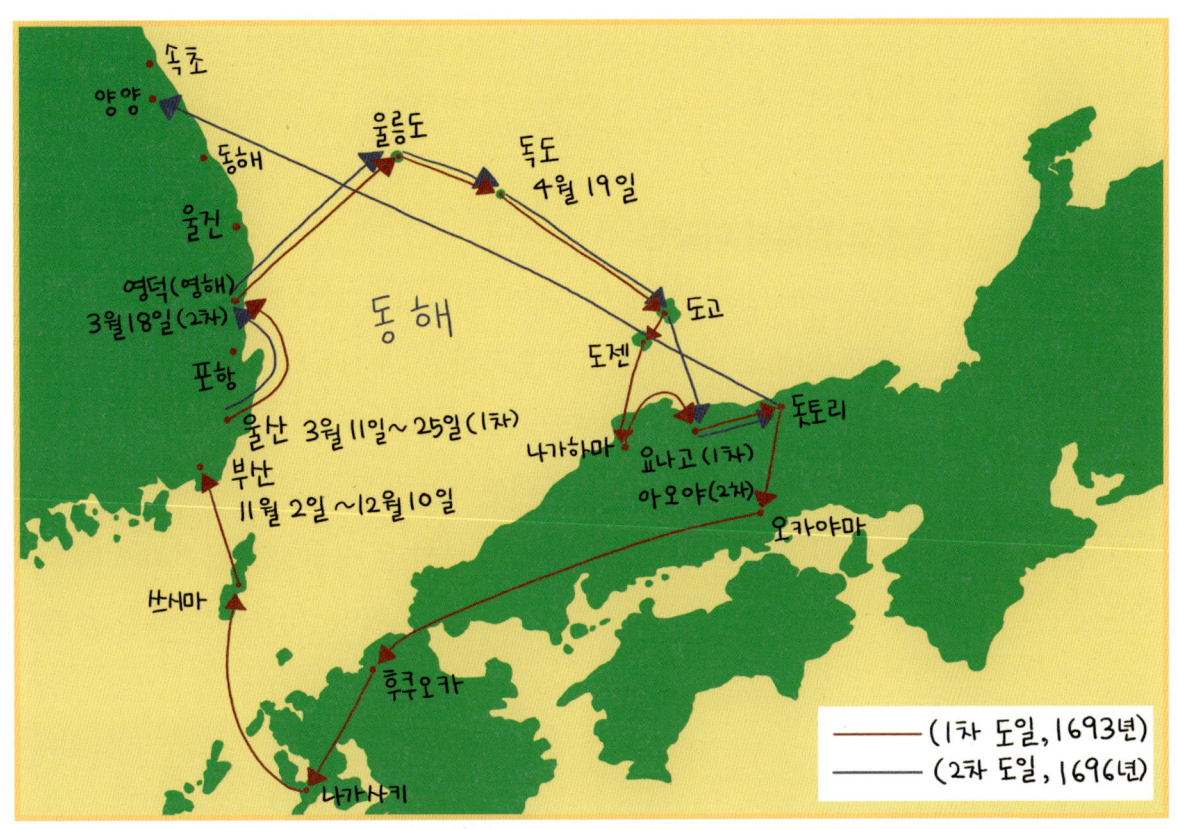

받았다가, 몇몇 신하들이 나서서 그동안의 공적을 변호해 줘 간신히 유배형으로 감형을 받았지. 안용복이 어디로 유배를 갔는지, 언제 죽어서 어디에 묻혔는지에 대해서는 알 수 없어. 이후 조선 조정에서는 울릉도와 독도의 중요성을 깨닫고 2년에 한 차례씩 울릉도와 독도를 순

시하도록 했어. 조선시대 학자 이익은 《성호사설》에서 안용복과 관련한 일을 기록하며 안용복은 영웅에 비길 만하다고 높게 평가했어.

울릉도 검찰사 이규원

이규원은 1882년(고종 19년) 울릉도 검찰사로 일할 때 천혜의 보고인 울릉도와 독도에 왜인들이 침입해 벌목하고, 자신들의 땅인 것처럼 표지를 세운 것에 분개했어. 이규원은 일본 공사에 항의하고 일본 외무상에 항의문서를 발송할 것을 조정에 제의했지.

고종은 이 의견을 받아들여 그동안 펼쳐 온 수토정책을 버리고 울릉도를 개척하는 한편 일본에 재차 항의하도록 했어. 이규원은 이후 '울릉도

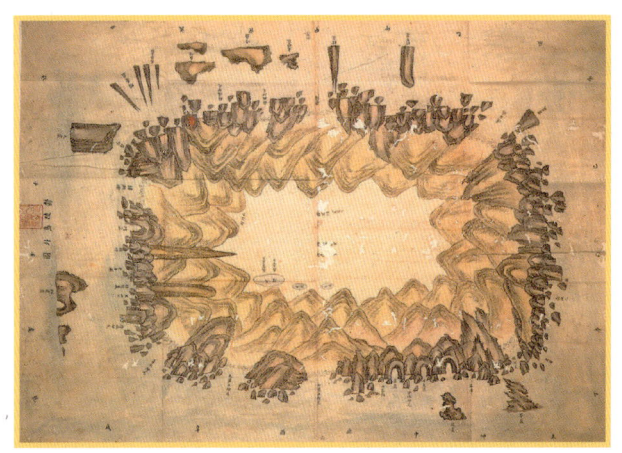 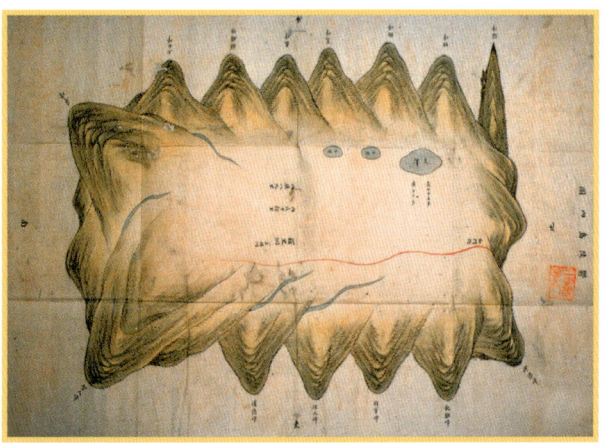

▶ 울릉도 검찰사 이규원이 현지 조사를 토대로 기록하여 보고한 울릉도 지도. 섬 바깥에서 보고 그린 외도(왼쪽)와 섬 안에서 보고 그린 내도(오른쪽)가 있다.

'검찰일기'를 조정에 제출했고, 조정은 이를 바탕으로 일본에 항의 공문을 보내고 울릉도에 주민을 이주시키도록 했지.

독도 지킴이 홍재현 가족

홍재현은 조선시대 호조참판을 지내다 울릉도에 유배된 조부를 따라 울릉도에 정착했어. 홍재현은 독도에 나타난 왜인들을 단순히 몰아내는 데 머무르지 않고, 직접 일본으로 건너가 독도가 조선의 영토임을 밝히고 돌아왔지. 손자인 홍순칠은 한국전쟁 당시 우리 정부가 혼란스러웠던

홍순칠은 33인의 독도의용수비대를 조직하여 독도를 경비하고 일본과 전투를 벌였다.

독도는 우리가 지킨다!

틈을 타 일본인이 왕래하자 이를 막기 위해 울릉도에 살던 전역 군인들을 모아 독도의용수비대를 만들고, 울릉도 경찰서장의 지원을 받아 독도를 지켰어.

서지학자 이종학

독도박물관의 첫 관장을 지낸 이종학은 평생을 사료 발굴에 힘쓴 서지학자였어. 서지학은 책을 토대로 조사, 분석, 비평, 연구하는 학문을 말해. 이종학은 40년간 개인 재산을 털어 가며 일제가 왜곡한 우리 역사를 바로 찾기 위해 자료를 수집했어. 또 '동학사료총서', '화성성역의궤' 등 10종 40여 권에 달하는 자료집을 펴냈지. 그는 일본 해군에서 펴낸 《환영수로지》, 독도의용수비대장 홍순칠의 유품 등 총 351종 512점을 기증하여 1997년 독도박물관을 여는 데 큰 역할을 했어.

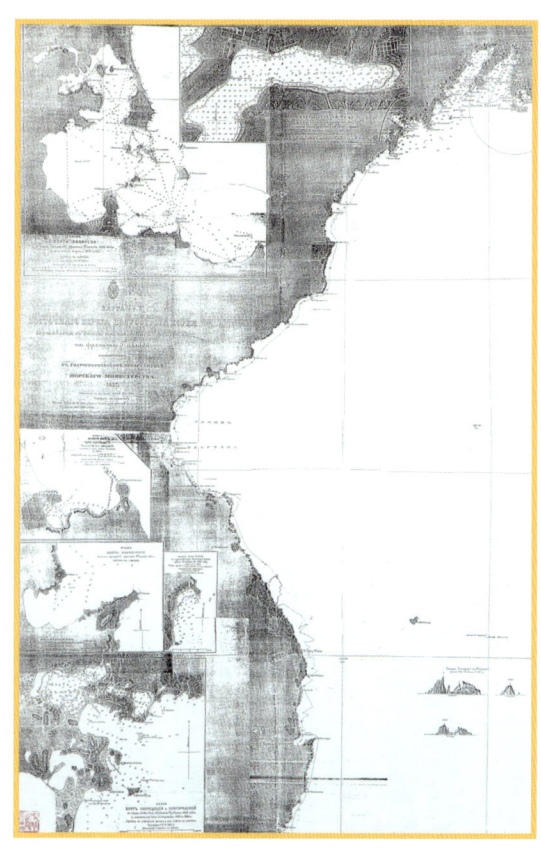

▶ 독도가 조선의 영토임을 밝힌 러시아 해군의 정밀지도 〈조선동해안도〉. 이종학의 수집품 중 하나이다.

경북지방경찰청 독도경비대

독도에 경찰관이 처음으로 머물기 시작한 것은 1956년으로, 울릉경찰서에 소속된 경찰관이 독도에 들어왔어. 독도에 군대가 아닌 경찰이 머무는 이유는 독도가 국경지대가 아니라는 점을 의미해. 1996년에는 해상경비와 독도경비대를 보강하는 차원에서 울릉경비대 지휘 아래 독도경비대 1개 소대를 운용하고 있어. 이들은 일본 순시선 등 외부 세력의 독도 침범에 대비해 첨단 과학 장비로 해안을 경계하고 만일의 경우를 대비해 인근 해경과 해군, 공군과 통신이 가능한 통신시설까지 갖췄어.

현재 독도 경비를 담당하고 있는 경북지방경찰청 소속 독도경비대

경비대는 우리 영해를 침범하는 외부 세력을 관계기관에 통보해 저지하도록 하고, 이들을 태운 배가 불법으로 독도에 접안하면 체포하거나 나포할 수 있는 권한도 가지고 있어.

최초의 독도 주민 최종덕, 김성도

독도에 처음으로 주민등록 주소지를 옮겨 산 사람은 최종덕과 그 가족이야. 최종덕은 1965년부터 1987년 세상을 떠날 때까지 독도에 살았어. 김성도도 1991년 독도로 주소를 옮겼어. 2018년 생을 마칠 때까지 부인 김신열과 함께 서도에 머물며 어업 활동과 사업을 했단다. 2017년 말 기준으로 독도에 실제 거주하지는 않지만 호적상 등재된 주민은 149가구, 531명이야.

독도의 경제적, 군사적, 지리적 가치

그렇다면 우리는 왜 이렇게 오랜 세월 힘들게 독도를 지켜 온 걸까? 바위로 이루어진 작은 섬 독도에 어떤 가치가 있는 걸까?

독도는 약 460만 년 전에서 해저에서 분출한 용암이 굳어진 후 바다 위로 드러났어. 원래 하나의 섬이었지만, 파랑에 의한 침식작용으로 약 250만 년 전에 동도와 서도 두 섬으로 분리됐고, 그 후 비바람과 파랑에 의한 침식작용으로 오늘날과 같은 모습을 갖추게 되었지.

우리가 보는 독도의 모습은 극히 일부분에 불과해. 실제 독도 해저 지형을 보면 울릉도와 독도는 해수면 아래에서 서로 연결되어 있으며, 울릉도와 독도 사이에는 수심 2,000미터가 넘는 넓은 평원이 있다는 걸 앞에서 보았을 거야. 그 사이에는 안용복해산을 비롯해 이사부해산, 심흥택해산처럼 거대한 산맥들이 연결돼 있어, 해산의 진화 과정을 한눈에 볼 수 있는 지질 유적지라고 말할 수 있지.

일본이 독도의 중요성을 깨달은 것은 1904년에 러시아와 싸울 때였어. 동해 가운데 있는 독도에서는 동해를 지나가는 군함들의 움직임을 살펴볼 수 있거든. 그래서 일본은 1905년에 독도를 일본 시마네 현으로 편입했어. 지금도 독도는 러시아, 일본, 북한의 해군과 공군의 이동 상황을 파악하는 중요한 역할을 하고 있지.

독도의 군사적 가치만큼 중요한 것은 독도의 국토적인 가치야. 한 나라의 국토는 땅인 영토뿐만 아니라 바다인 영해, 하늘인 영공까지 포함해. 따라서 독도를 일본에게 빼앗기면 독도라는 작은 섬만 빼앗기는 것이 아니라 독도 근처의 넓은 바다와 하늘까지 빼앗기게 되는 거야.

독도는 경제적으로도 가치가 있어. 독도 주변 바다는 많은 물고기가 잡히는 황금 어장이라고 했지? 게다가 1994년부터는 국제적으로 '배타적 경제 수역'이 적용됐어. '배타적 경제 수역'이란 육지로부터 200해리(약 370.4킬로미터)까지의 바다에 있는 모든 자원을 채취하고 개발할 수 있는 권리를 말해. 만약 독도가 일본 땅이

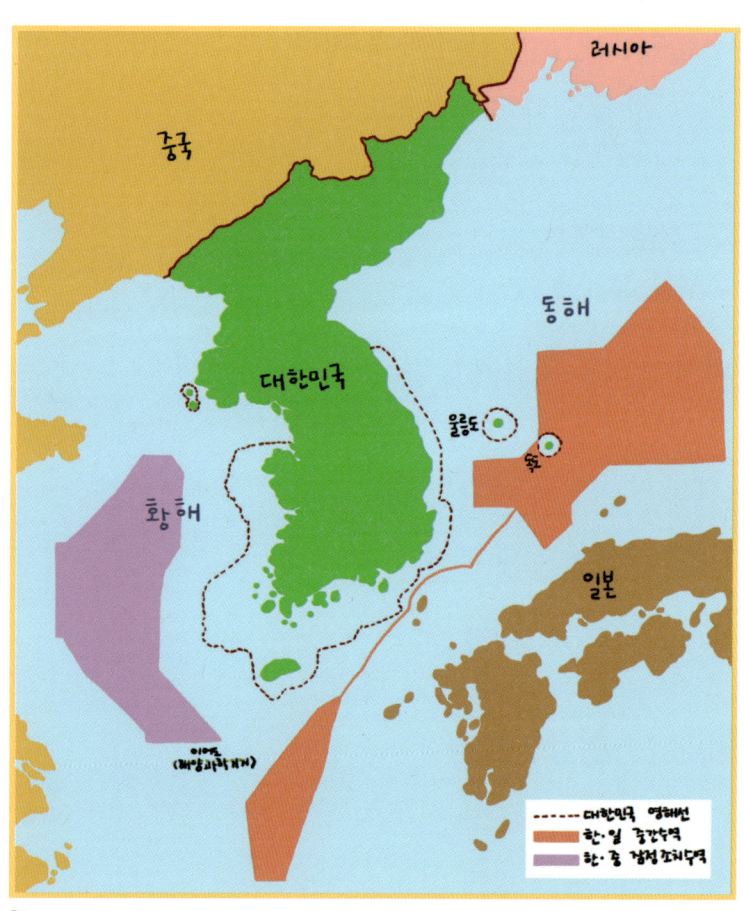

▶ 배타적 경제 수역을 둘러싼 한중일 세 나라의 분쟁은 계속되고 있다.

되면 독도 근처의 모든 자원은 일본 것이 되는 거지.

독도의 자원과 미래 에너지

앞에서 살펴본 것처럼 독도 근처 바다는 북한한류와 동한난류가 만나는 곳이야. 플랑크톤이 풍부하여 훌륭한 어장이 형성되지. 특히 연어, 송어, 대구를 비롯해 명태, 꽁치, 오징어, 새우가 많이 잡혀. 겨울과 초봄에는 명태 어장이 형성되고, 여름, 가을에는 오징어 어장이 형성돼. 또 바다 밑 암초에는 다시마, 미역, 해삼, 문어, 소라, 전복 등이 풍성해 어민들의 주요 수입원이 되고 있지.

독도어장은 울릉군의 마을어장으로 관리되고 있어. 마을어장이란 바다의 일정한 면적과 수심을 정해서 고기잡이나 양식, 채취 등 어업을 할 수 있게 관리하는 어장이야. 독도어장에서 어업을 하려면 울릉도의 도동리 어촌계의 마을어업 면허를 받아야 해.

독도어장은 오징어를 비롯한 각종 해산물과 수산자원이 풍부한 동해안의 중요 어업 기지 중 하나야. 국내 오징어 어획량의 60%를 독도어장에서 잡는다니 대단하지? 독도어장에서 잡아 올린 어획량이 우리나라 수산물 시장의 가격을 좌우한다는 말도 있어. 그만큼 독도의 수산자원이 중요하다는 이야기야.

또한 독도는 섬 전체가 천연기념물로 지정될 정도로 천혜의 절경을 자랑하며 관광자원이 풍부해. 다양한 해안지형이 발달해 독특한 자연 경관을 자랑하는가 하면 우리나라에서 보기 드문 화산지형도 곳곳에서 볼 수

오징어를 선별하는 울릉도 어민들. 독도어장은 우리나라 주요 어장 중 하나이다.

있지. 또 다양한 생물들이 오가고 번식하고 있다는 점도 독도의 생태학적 가치를 알려 줘.

한편 독도 주변 바닷속에는 천연가스를 포함해서 많은 자원이 묻혀 있어. 대표적인 자원이 울릉도에서 독도 서북쪽에 이르는 울릉분지에 매장된 메탄 하이드레이트야. 이 지역에 매장된 메탄 하이드레이트는 약 6억 톤 정도로 추정된다고 해.

독도 북쪽의 한국대지 사면에서는 인산염암도 발견됐어. 연구자들에 따르면 이곳 인산염암의 인산염 함량은 30%나 되고, 풍부한 우라늄과 바나듐을 얻을 수 있어 경제적 가치가 충분하다고 해.

이처럼 독도 영유권 분쟁은 역사적 영토 분쟁의 문제뿐 아니라 미래 에너지 자원 확보 문제로까지 확대된 셈이야. 독도와 관련한 영유권 분쟁은 지금까지와는 다른 차원으로 검토되어야겠지.

옛 문헌과 지도 속의 독도

과거의 외교 문서와 고지도를 살펴보면 당시 사람들이 독도를 어떻게 인식했는지 알 수 있다. 독도를 둘러싼 외교적 마찰이 과거부터 계속되었다는 사실, 그리고 독도가 한반도와 울릉도의 부속 섬이라는 국제적 인식이 있었다는 사실을 발견할 수 있다.

우산과 무릉, 두 섬이 정동쪽 바다에 있다

울릉도가 속한 나라에 독도 또한 속한다는 사실은 자연스럽다. 지리적으로 독도가 울릉도의 부속도서이기 때문인데, 이 근거는 많은 고문서에서 확인할 수 있다.
《세종실록》(1454년)에서는 울릉도를 '본도'라 하고 독도의 당시 명칭인 우산도를 울릉도의 '속도'라고 했다. 153권에는 "우산(于山)과 무릉(武陵) 두 섬이 현의 정동쪽 바다에 있다(二島在縣正東海中). 두 섬이 서로 거리가 멀지 않아(二島相距不遠), 날씨가 맑으면(風日淸明) 바라볼 수 있다(則可望見). 신라 때(新羅時) 우산국, 또는 울릉도라 하였는데(稱于山國, 一云鬱陵島)……"라는 구절이 있다. 날씨가 좋을 때 두 섬에서 서로 볼 수 있다는 기록은 옛날부터 울릉도와 독도가 같은 생활 권역이라는 인식이 있었다는 증거이다.

울릉도보다 가까운 독도?

고지도들은 울릉도와 독도가 우리 땅이라는 인식을 보다 분명하게 보여 준다. 현재 남아 있는 지도 중에서 독도가 지도상에 표기된 최초의 지도는 조선 전기 지리서의 하나인 《신증동국여지승람》의 〈팔도총도〉

세종실록지리지

(1530)이다. 이 지도에는 독도가 정 위치가 아닌 울릉도의 서쪽에 그려져 있다. 당시 한반도에서 울릉도에 갈 때 해류의 영향으로 독도에 먼저 도달하고 울릉도로 갔던 것으로 추정된다.

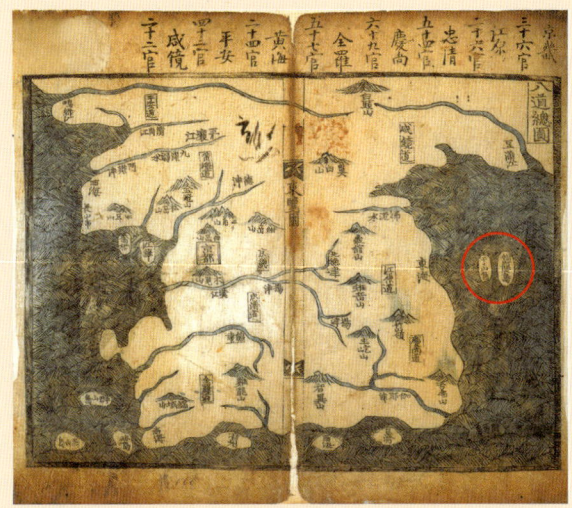

팔도총도

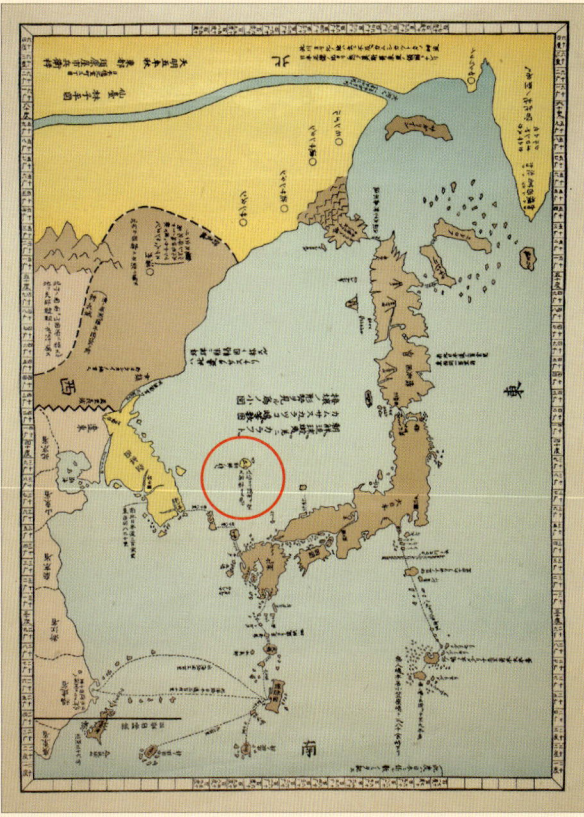

삼국접양지도

독도가 나타난 세계의 지도

중국 왕반의 〈천하여지도〉를 바탕으로 1603~1650년경 조선에서 수정하여 새로 제작한 〈조선본 동아시아 지도〉(17세기 초)에는 한반도 동쪽에 울릉도와 독도가 명확히 표시되어 있다. 이 지도는 현재 프랑스국립도서관에 소장돼 있다.

1785년의 〈삼국접양지도〉는 일본의 하야시 시헤이(1738~1793, 일본 실학파 학자)가 그린 지도로써, 국경과 영토를 명료하게 구분하여 채색을 한 지도이다. 독도는 조선의 색채인 황색으로 표시하고 있을 뿐만 아니라 조선의 것이란 표기까지 돼 있다.
1855년 김대건 신부의 지도를 지리학자 말트 브룅

(Malte-Brun)이 축소해 '파리 지리학회지(1855)'에 게재한 〈조선전도〉에도 울릉도는 'Oulamgto'로, 독도는 'Ousan'이라고 역시 표기돼 있다.

일본은 관계가 없다

일본의 역사 기록과 공식적인 문서조차도 독도를 한국의 영토로 인식하고 표기한 사례를 여러 문헌에서 확인할 수 있다. 1877년 일본 메이지 정부의 최고 행정기관인 태정관은 울릉도와 독도는 일본과 관계없

조선전도

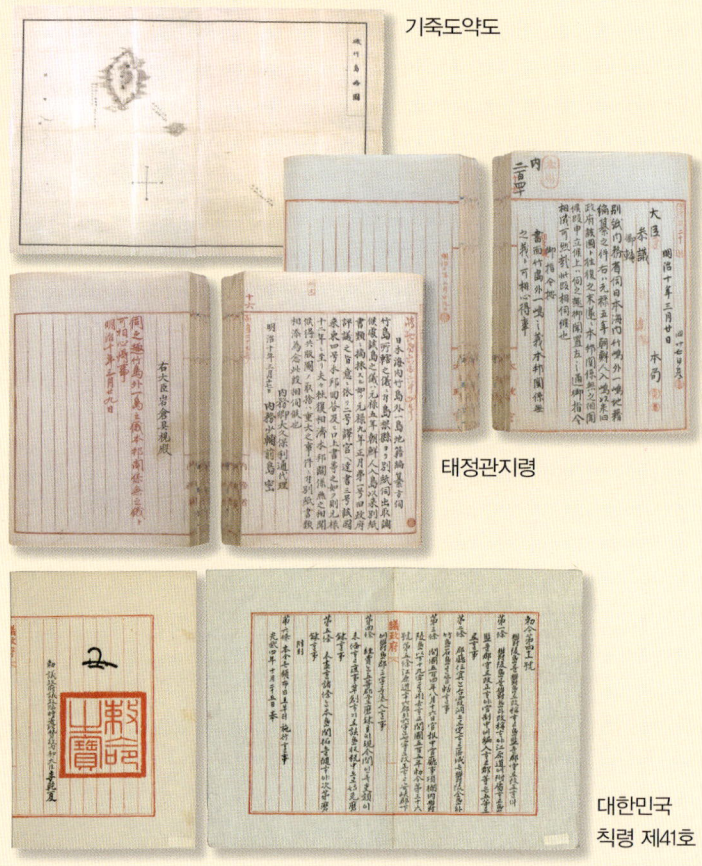

기죽도약도

태정관지령

대한민국 칙령 제41호

다는 것을 문서로 밝혔는데, 바로 〈태정관지령〉이다. 여기에는 "다케시마(울릉도) 외 일도(독도) 건에 대하여 본방(일본)은 관계가 없다는 것을 명심할 것"이라고 적혀 있다. 당시 일본도 독도가 한국의 땅이라는 것을 공적으로 인정한 기록이다. 여기에는 〈기죽도약도〉라는 지도가 첨부되어 있다.

울도 군수는 죽도, 석도를 관할하라!

대한제국은 1900년 지방 행정 제도를 개편하면서 울릉도와 죽도, 독도를 묶어 울도군을 만들었다. 그리고 군수를 보내 울릉도와 독도를 지키고 행정 관리를 강화하도록 했다. 또 이런 내용을 관보(국민에게 알리고자 하는 사항을 발행하는 국가 기관지)를 통해 공표했다. 독도가 대한제국의 영토임을 세계에 선포한 것이다.

관보의 1900년 10월 25일자 칙령 제41호 '울릉도를 울도로 개칭하고 도감을 군수로 개정한 건'의 2조에 따르면, "구역은 울릉 전도와 죽도, 석도를 관할할 사"라고 기록돼 있다. 여기서 말하는 석도가 바로 독도이다. 당시 울릉도에는 남해안에서 온 어민들이 많이 살고 있었는데, 이들은 독도를 바위섬이란 뜻의 '독섬'이라고 불렀다. '독섬'을 한자로 의역하면 '석도', 음역 하면 '독도'가 된다.

연합국 최고 사령부는 말했다

광복과 함께 제2차 세계대전이 끝나고 국제 군사기관인 '연합국 최고 사령부'는 1946년 1월 독도를 한국 영토로 판정했다. 연합국은 패전국 일본으로부터 분리해 원래 소속으로 반환해야 할 영토를 규정한 연합군 최고사령부지령(SCAPIN)을 발표하는데, 지령 제677호 제3항에 일본으로 귀속될 섬과 제외될 섬을 명기했다. 그때 제주도와 울릉도, 독도는 일본에 귀속되지 않고 한국 영토로 반환한다고 발표됐다. 만일 이 사실을 수정할 때에는 "별도의 특정한 지령을 발해야 하며 그렇지 않다면 이 지령은 미래까지 유효하다"고 선언했다.

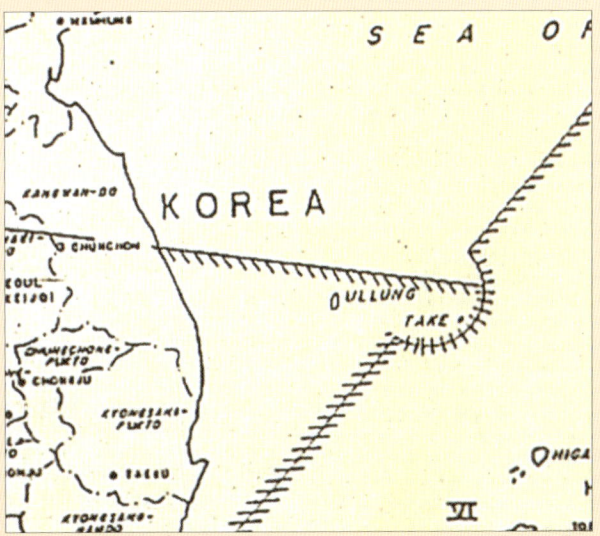

SCAPIN 제677호

맺음말
독도를 부탁해

지구에는 대략 500만 개의 섬이 있고 여러 나라들이 겉으로 보기에는 보잘것없는 아주 작은 섬을 놓고서도 싸움을 벌이기도 해. 망망대해 작은 섬을 놓고 다투는 이유는 무엇 때문일까? 유엔에서 합의한 200해리 주권 시대이기 때문이야. 1해리는 1.852킬로미터로 200해리는 370.4킬로미터에 이른단다.

유엔의 200해리 합의로 한 나라에 딸린 섬이 있다면 그 나라는 섬에서 200해리 떨어진 곳까지 주권을 인정받게 돼. 바로 '배타적경제수역(EEZ)'이야. 세계 모든 나라는 EEZ 확보를 위해 안간힘을 쓰고 있어. 바다와 섬은 엄청난 수산자원과 천연자원을 품고 있거든.

일본은 남의 땅을 자기네 땅이라 주장하는 대표적인 '우기기 대장'이야. 일본은 독도뿐 아니라 필리핀 북쪽에 있는 작은 산호초 오키노토리를 자신의 영토로 만들기 위해 애쓰고 있어. 바다 위에 머리를 내민 암초에 방파제를 구축하는 등 온갖 수단을 다해 오키노토리를 섬으로 만들고 있지. 일본은 타이완 북동쪽에 있는 댜오위다오나 태평양 한복판에 있는

미나미토리를 놓고서도 중국과 타이완, 필리핀 등과 영토 분쟁을 벌이고 있어.

일본이 쉬지 않고 영토 분쟁을 벌이는 이유는 간단해. 독도, 댜오위다오, 오키노토리, 미나미토리 4개 섬을 모두 가지게 되면 EEZ 면적이 405만 제곱킬로미터로 38만 제곱킬로미터인 본래 영토의 10배가 넘는 바다에 대한 주권을 가지게 되거든.

중국도 우리나라 영토에 욕심을 내고 있단다. 대표적인 곳이 이어도야. 이어도는 물속에 잠긴 암초지만 한반도에 딸린 대륙붕에서 솟아오른 암초이기 때문에 당연히 대한민국의 영토야. 그런데도 중국은 우리나라가 이어도 해양과학기지를 만들 때 여러 차례 항의했어. 지금도 항공기를 몰래 보내 이어도를 감시하고 있어.

중국은 심지어 백두산도 자기네 땅이라고 우겨. 한민족의 역사가 분명한 고조선과, 고구려, 발해까지도 중국의 역사로 둔갑시키고 있지. 한반도 한강 이북은 본래 중국의 지방정부라는 터무니없는 역사 왜곡도 서슴지 않는단다. 중국은 국경 안에서 전개된 모든 역사를 중국 역사로 만들기 위해 2002년부터 연구 사업을 진행시키고 있어.

우리는 먼 옛날부터 우리 민족이 살아온 영토에 대해 양보할 수 없어. 국가를 이루는 3대 구성 요소는 국민, 영토,

주권인데 이중에서 국민이 살아가야 하는 영토를 빼앗길 수 없잖아. 한때 우리는 육지 영토만 중요하게 생각하기도 했어. 하지만 삼면이 바다로 둘러싸인 우리나라는 바다 영토를 중요하게 여겨야 해. 특히 독도는 겉으로 보기에는 넓은 바다에 솟은 황량하고 아주 작고 볼품없는 섬에 불과하지만 지금까지 살펴본 것처럼 독도는 학술적, 정치적, 군사적, 경

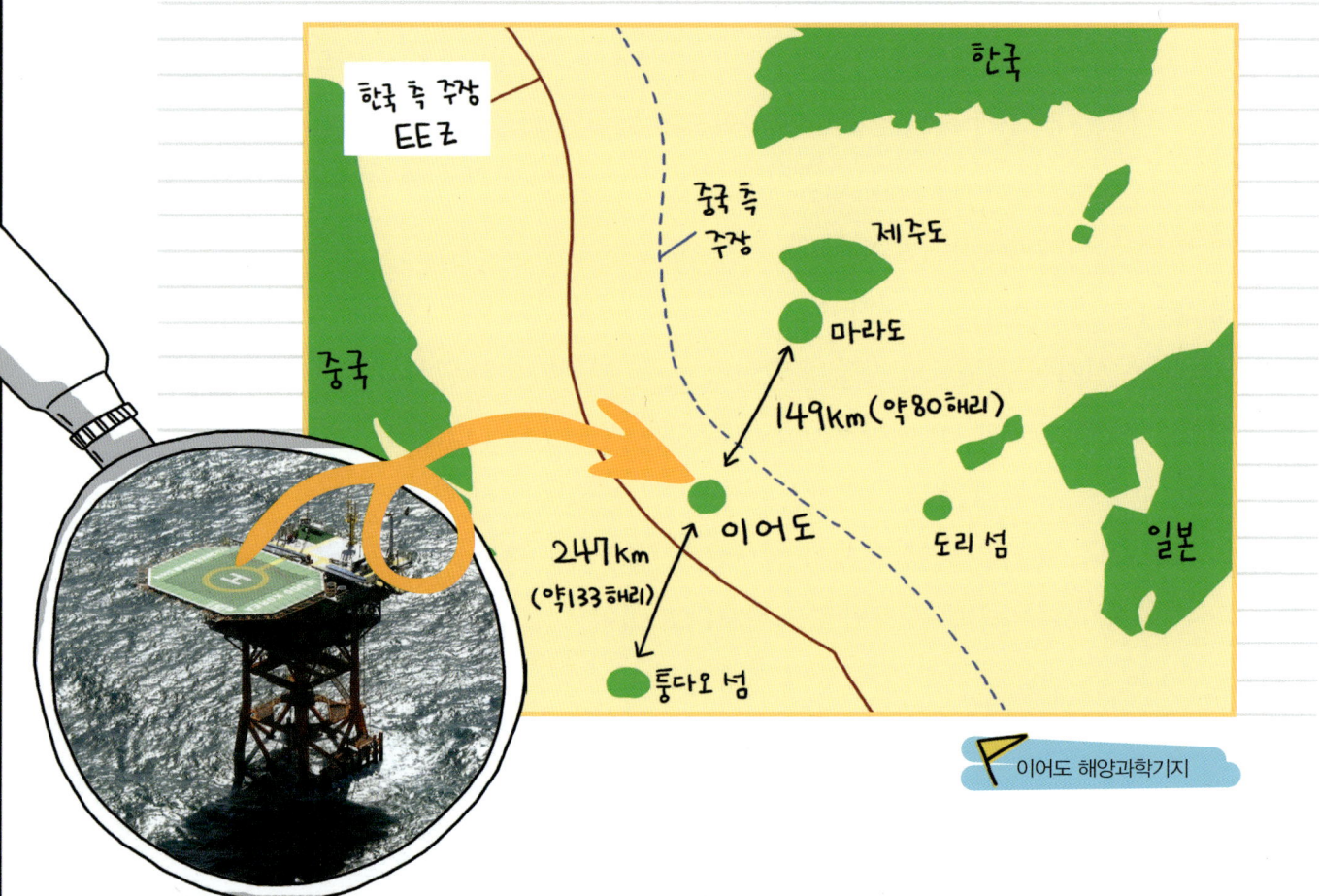

이어도 해양과학기지

제적, 생태학적으로 봤을 때 우리나라 다른 어떤 섬보다 중요하다는 사실을 이제 알겠지?

이렇게 중요한 독도를 지켜 내기 위해서는 국민 모두가 독도에 지속적으로 관심을 가져야만 해. 이 책을 읽는 친구들도 외국인과 만나면 왜 독도가 우리 땅인지 말할 수 있을 정도로 독도에 대해 많은 지식을 가졌으면 해.

세계에 독도는 한국 땅이라고 생각하는 사람들이 많아지면 일본이 독도를 자기네 땅이라고 우길 수가 없게 될 거야. 우리 가족이 살고 있고 모든 사람들이 우리 집이라고 인정해 주면 옆집에 사는 사람이 자기네 집이라고 우겨 봤자 아무런 의미가 없잖아.

기회가 된다면 너희들도 독도에 한번씩 다녀왔으면 좋겠어. 가는 길이 멀고 뱃길이 험할 수 있지만 척박한 환경에서도 꿋꿋하게 살아가는 다양한 동식물들과 그곳을 지키는 대한민국의 자랑스러운 경찰 아저씨를 만나면 독도의 소중함을 더욱더 깊이 깨닫게 될 거야.

너희도 꼭 독도에 가 봐!

기다릴게!

사진 제공

한국해양과학기술원
13, 30, 31, 34, 36, 40, 42, 43, 48, 49, 81, 82, 84, 85, 86페이지

도감 ▶ 괭이갈매기, 해송, 대황, 감태, 소라, 돌기해삼, 홍합, 파랑돔, 문어, 자리돔

울릉도독도해양연구기지 김윤배
15, 20페이지

국립생물자원관
29, 72페이지

도감 ▶ 갯메꽃, 참나리, 해국, 개밀, 졸방제비꽃, 땅채송화, 왕호장근, 갯까치수염, 천문동, 곰솔, 번행초, 섬기린초, 갯장대, 섬괴불나무, 댕댕이덩굴, 사철나무, 되새, 바다제비, 흑비둘기, 뿔쇠오리, 물수리

한겨레신문사
51, 63, 107페이지

도감 ▶ 초종용, 갯괴불주머니, 진홍가슴

연합뉴스
12, 87, 112페이지

참고 자료

가고 싶은 우리 땅 독도, 국립중앙박물관
강치야 독도야 동해바다야, 주강현, 한겨레아이들
대한민국 독도 교과서, 호사카 유지, 휴이넘
독도 1947, 정병준, 돌베개
독도 개관, 오오니시 토시테루, 인문사
독도, 대양을 꿈꾸다, 김남일, 휴먼앤북스
독도를 지키는 사람들, 김병렬, 사계절
독도 식물 이야기, 김태정, 가문비어린이
독도에 살다, 전충진, 갈라파고스
독도 연구, 김학준, 동북아역사재단
독도의 비밀, 과학으로 풀다, 박찬홍 외, 교보문고
동아시아 영토문제와 독도, 고봉준 외, 동북아역사재단
사료가 증명하는 독도는 한국 땅, 이상태, 경세원
여기는 독도, 전충진, 이레
울릉도 독도에서 만난 우리 바다생물, 명정구·노현수, 지성사
한일공문서를 통해 본 독도, 이원덕, 동북아역사재단

독도박물관 http://www.dokdomuseum.go.kr
국토지리정보원 독도지리넷 http://dokdo.ngii.go.kr/dokdo
국립생물자원관 한반도의 생물다양성 http://species.nibr.go.kr
동북아역사넷 http://contents.nahf.or.kr
한국해양과학기술원 사진DB http://iphoto.kiost.ac.kr

독도생물도감

독도에는 수많은 생명들이 어울려 살고 있어. 오래전부터 터를 잡고 살아가는 동식물이 있는가 하면, 최근에 새로 등장해 터전을 마련한 생물들도 있지. 어떤 생물들은 변화하는 환경에 적응하지 못해 개체 수가 급격히 줄고 있어. 오염된 환경 때문에 멸종 위기에 처한 안타까운 동물들도 있지. 독도의 생태계를 이루는 주요 풀과 나무, 조류, 해양생물을 소개할게. 우리가 잘 알고 기억한다면, 독도의 생태계를 우리 손으로 잘 지켜 낼 수 있을 거야.

활용 방법

❶ 사진을 보고 어떤 생물인지 알아맞혀 봐. 뒷면에 이름과 자세한 정보가 실려 있어.
❷ 뒷면의 점선을 따라 오리면 48장의 독도 생물 카드가 돼.
❸ 카드를 한데 엮어 미니 도감으로 만들거나,
❹ 가족이나 친구들과 함께 카드 놀이를 할 수 있어. 독도 생물 이름 알아맞히기, 이름 기억하기, 카드 대결 등 다양한 놀이를 직접 만들어 봐.

해국
Aster spathulifolius Maxim.

바닷가 바위틈이나 바다와 가까운 숲 가장자리에서 자라는 여러해살이 풀. 독도 바위 기슭에도 무리 지어 꽃을 피운다. 줄기는 옆으로 비스듬히 누워 자라며 가지가 밑동에서 여러 갈래로 갈라진다. 7~11월 꽃이 가지 끝에 달린다. 혀꽃은 연한 자주색이고 통꽃은 노란색이다. 11월에 열매가 익는데 씨앗에 갈색 우산털이 달려 있어 멀리까지 날아갈 수 있다.

참나리
Lilium lancifolium Thunb.

우리나라 어디에서나 볼 수 있는 여러해살이 풀. 줄기는 붉은 갈색이고 무늬 점이 있다. 잎겨드랑이에 짙은 갈색의 구슬눈(살눈)이 있다. 구슬눈은 장마철에 잎겨드랑이에서 떨어져 땅에 뿌리를 내린다. 7~8월에 가지 끝과 줄기 끝에 주황색 꽃이 핀다. 꽃잎에 갈색 무늬 점이 찍혀 있어 호랑나리라고도 부른다.

갯메꽃
Calystegia soldanella (L.) Roem. & Schult.

바닷가 모래땅에서 자라는 여러해살이 덩굴풀. 굵은 땅속줄기가 옆으로 길게 뻗어 나가고 줄기는 이리저리 갈라져 모래밭이나 바위 위로 뻗어 나가거나 다른 물체를 감아 올라간다. 5~6월 오각형 모양의 꽃이 핀다. 모래 속 1~2m까지 뿌리를 뻗어 지하수를 빨아들이기 때문에 가뭄에도 강한 식물이다.

땅채송화
Sedum oryzifolium Makino

바닷가 바위틈이나 메마른 땅 위에 뿌리를 내리고 자라는 여러해살이 풀. 줄기는 옆으로 이리저리 뻗어 나가며 가지가 갈라지고 줄기 윗부분과 가지 끝은 곧게 선다. 통통한 잎이 서로 어긋나게 달린다. 5~7월에 가지 끝에서 노란 꽃이 피고 줄기 끝에는 꽃이 달리지 않는다. 낮에는 숨구멍을 닫고 밤에만 숨구멍을 열어 숨을 쉰다.

졸방제비꽃
Viola acuminata Ledeb.

햇빛이 잘 드는 산기슭과 들에서 자라는 여러해살이 풀. 여러 개의 꽃줄기가 한군데서 모여 나와 20~40cm까지 자란다. 잎은 줄기 위쪽으로 올라갈수록 끝이 길게 뾰족해지고 가장자리가 톱니 모양이다. 5~6월에 줄기 윗부분의 잎겨드랑이에서 꽃자루가 나오고 흰색이나 연한 자줏빛 꽃이 핀다.

개밀
Agropyron tsukushiense var. *transiens* (Hack.) Ohwi

햇빛이 잘 드는 길가 풀숲에서 흔히 자라는 여러해살이 풀. 유럽이 원산지인 귀화식물이다. 잎은 긴 줄 모양에 흰 가루를 바른 것 같은 녹색이다. 6~7월에 꽃줄기가 길게 나오는데 한 개의 긴 꽃대에서 이삭 모양으로 꽃이 무리 지어 피어난다. 독도에서는 괭이갈매기가 개밀 포기 위에 둥지를 만들거나 개밀 잎을 잘라 둥지를 짓고 알을 낳는다.

초종용
Orobanche coerulescens Stephan

한해 또는 두해살이 기생식물. 바닷가 모래밭에서 자라는 사철쑥 뿌리에 달라붙어 영양을 섭취하며 살기 때문에 사철쑥 더부살이라는 이름도 가지고 있다. 줄기는 굵고 비늘 조각 같은 잎이 달려 있다. 5~6월 연한 자주색 꽃이 줄기 끝에 빽빽하게 달린다. 줄기는 약으로도 사용된다.

갯까치수염
Lysimachia mauritiana Lam.

바닷가에서 흔하게 자라는 두해살이 풀. 줄기 아래쪽에서 가지가 갈라지고, 잎자루가 없는 잎이 줄기와 가지에 어긋나게 달린다. 7~8월에 흰 꽃이 피고 9~10월에는 열매가 익는다. 열매가 익으면 열매 끝에 작은 구멍이 뚫리고 씨가 그 구멍으로 쏟아져 나온다. 가을이 되면 줄기와 잎이 붉게 물든다.

왕호장근
Fallopia sachalinensis (F. Schmidt) Ronse Decr.

울릉도와 독도에서 많이 자라는 여러해살이 풀. 뿌리줄기는 굵고 겉껍질은 갈색이지만 속껍질은 노란 색이다. 줄기는 속이 비었고, 녹색이지만 햇빛이 닿으면 붉게 변한다. 어린 순은 죽순을 닮았다. 8~9월에 꽃이 피고 9~10월에 열매가 익는다. 열매는 세모꼴의 달걀 모양이고 뿌리는 약으로 쓴다.

번행초
Tetragonia tetragonoides (Pall.) Kuntze

바닷가 모래땅에 자라는 여러해살이 풀. 줄기는 누워 자라거나 덩굴지며 가지가 갈라진다. 3~10월까지 잎겨드랑이에서 노란색 꽃이 1~2개씩 달린다. 꽃자루는 짧고 굵다. 열매는 겉에 4~5개의 도드라기가 있고 꽃받침이 붙어 있는 열매로 딱딱한 여러 개의 씨가 들어 있다. 연한 잎과 줄기는 나물로 먹는다.

곰솔
Pinus thunbergii Parl.

바닷가 근처에서 많이 자라는 늘푸른 바늘잎 큰키나무. 나무 껍질은 흑갈색이고 잎은 바늘처럼 가늘고 뾰족한 모양이다. 수꽃 이삭은 원통 모양으로 갈색이고, 2개의 꽃밥이 달려 있다. 암꽃 이삭은 달걀 모양이며 자주색이다. 5월에 꽃이 피고 솔방울 열매가 열린다. 바람과 염분에 강해서 바닷가에서 방풍림으로 심기도 한다.

천문동
Asparagus cochinchinensis (Lour.) Merr.

바닷가 근처 바위틈에서 자라는 여러해살이 풀. 땅속에는 짧고 굵은 뿌리줄기가 많고, 가늘고 밋밋한 줄기가 덩굴지며 뻗어 나간다. 5~6월에 잎겨드랑이에서 노란색 꽃이 1~3개씩 달려 핀다. 열매는 10월에 붉게 익는데, 열매 속에는 검은 씨가 들어 있다. 연한 줄기는 나물로 먹고, 뿌리는 기침을 그치게 하거나 몸을 튼튼하게 하는 한약재로 쓴다.

갯장대
Arabis stelleri DC.

제주도, 울릉도와 독도 동도에서 자라는 두해살이 풀. 뿌리에서 나는 잎에는 털이 있지만 줄기 위쪽에서 나는 잎에는 털이 없다. 뿌리에서 나온 잎은 주걱 모양으로 잎 끝이 둥글고 갈라진 털이 빽빽하게 나 있다. 5~6월에 송이 모양의 줄기에 흰 꽃이 핀다. 줄 모양의 열매가 열리고, 익으면 겉껍질이 벌어지면서 동그란 씨앗들이 사방으로 흩어진다.

갯괴불주머니
Corydalis platycarpa (Maxim. ex Palib.) Makino

바닷가에 자라는 두해살이 풀. 줄기와 잎에 상처를 내면 기분 나쁜 냄새가 난다. 4~5월이면 꽃줄기 끝에 노란색 꽃을 피운다. 꽃송이는 한쪽이 입술 모양으로 벌어지고 다른 한쪽은 꿀 주머니가 된다. 칸칸마다 씨가 많이 들어 있는 열매가 맺히고, 꼬투리가 터지면서 씨가 사방으로 튀어 번식한다. 독 때문에 먹을 수 없다.

섬기린초
Sedum takesimense Nakai

울릉도와 독도의 길가나 바닷가 바위 틈에 많이 자라는 여러해살이 풀. 우리나라 고유종이다. 봄과 여름에 40~50cm 정도로 자란 줄기의 밑동이 겨울에도 죽지 않고 살아 다음 해 봄에 다시 싹을 틔운다. 잎 앞쪽은 고운 노란빛이 나는 녹색이고 뒤쪽은 회색빛이 나는 녹색이다. 7월에 줄기와 가지에서 노란색 꽃을 피운다.

사철나무
Euonymus japonicus Thunb.

바닷가에서 자라는 늘푸른 떨기나무로 3m 정도 자란다. 어린 가지는 녹색이고 털은 없다. 잎은 가죽처럼 단단하고 질기다. 6~7월에 연한 황록색 꽃이 잎겨드랑이에서 달려 핀다. 열매는 튀는 열매로, 10월쯤 열매가 붉게 익으면 네 조각으로 갈라지고 주황색 헛껍질에 싸인 흰 씨가 보인다. 독도에는 동도의 북쪽 기슭과 분화구 벽면에서 자란다.

댕댕이덩굴
Cocculus trilobus (Thunb.) DC.

산기슭이나 들녘, 숲 가장자리에 흔히 자라는 덩굴성 낙엽수. 줄기와 잎에는 털이 있다. 잎은 서로 어긋나게 달리고 잎 몸은 달걀 모양이다. 5~6월에 잎겨드랑이에서 고깔 모양의 꽃차례가 생겨나고 누른빛이 감도는 흰 꽃이 핀다. 수꽃에는 수술이 있고 암꽃에는 6개의 거짓 수술과 3개의 밑씨가 있다.

섬괴불나무
Lonicera insularis Nakai

울릉도와 독도에서만 자라는 우리나라 고유종. 낙엽이 떨어지는 떨기나무로, 5~6m까지 자라기도 한다. 어린 가지에는 털이 있고 줄기 속은 비어 있다. 가지 맨 끝에 달리는 겨울눈은 뾰족하지만 옆가지에서 달린 겨울눈은 달걀 모양으로 털이 있다. 5~6월에 잎과 줄기 사이 잎겨드랑이에 흰 꽃이 달리고 7~8월에 둥근 열매가 붉게 익는다.

개똥지빠귀
Turdus eunomus Temminck

참새목 지빠귀과. 우리나라 전 지역의 산지나 숲에서 발견되는 겨울철새. 독도에서는 나그네새로 쉬어 간다. 몸길이는 23cm 정도이다. 머리 꼭대기부터 꼬리까지 몸의 윗면은 어두운 갈색이며, 흰색의 가슴과 배, 옆구리에는 검은색의 반점이 있다. 식물의 열매, 지렁이, 벌레를 먹는다.

되새
Fringilla montifringilla Linnaeus

참새목 되새과. 농경지, 낮은 언덕, 큰 나무 숲 등에 찾아오는 겨울철새. 10마리에서 수백 마리가 무리 지어 생활한다. 몸길이 16cm 정도이며, 겨울깃은 암컷과 수컷 모두 머리 부분이 진한 검은색이고, 뒷목은 흰색이다. 윗등은 잿빛으로 끝이 검은색이고, 아랫등은 갈색을 띤 검은색이다.

딱새
Phoenicurus auroreus

참새목 솔딱새과. 우리나라 전역에서 흔히 볼 수 있는 텃새. 3월부터 울기 시작하며 산란기는 5월이다. 몸길이 14cm이다. 수컷은 아랫면이 짙은 주황색이고 얼굴은 검은색이다. 수컷의 날개에 있는 흰색 반점이 뚜렷하게 보인다. 암컷은 전체적으로 황갈색을 띠며 날개에는 수컷보다 작은 흰색 반점이 있다.

바다직박구리
Monticola solitarius

참새목 솔딱새과. 우리나라 전역에서 번식하는 흔한 텃새. 몸길이 약 25cm이다. 수컷의 머리, 윗가슴, 등은 남청색, 아랫가슴과 날개, 꼬리는 청흑색, 배는 적갈색이다. 암컷의 등은 회갈색, 꼬리는 흑갈색, 배는 어두운 황갈색이다. 암수가 단독으로 생활한다. 암초나 벼랑의 틈에 둥지를 튼다. 산란기는 5~6월이며 한 번에 알 5~6개를 낳는다.

재갈매기
Larus argentatus Pontoppidan

도요목 갈매기과. 남해안에서는 흔한 겨울철새이며, 동·서해안에서는 주로 해안을 따라 이동하는 나그네새이다. 몸길이는 56cm 정도이며, 암수가 같은 빛깔이다. 여름깃은 머리와 목이 흰색이고 등과 어깨깃은 푸른빛을 띤 회색이다. 겨울깃은 머리 위와 목과 몸의 윗면에 갈색의 작은 무늬가 보인다. 노란 부리 끝에 빨간 점이 있고 다리는 붉은색이다.

괭이갈매기
Larus crassirostris Vieillot

도요목 갈매기과. 집단생활을 하는 텃새이다. 몸길이는 44~48cm 정도이고, 머리와 가슴, 배는 흰색, 날개와 등은 잿빛이다. 노란 부리 끝에 검은 띠와 빨간 점이 있고, 다리는 노란색이다. 5~8월 독도의 암초에서 무리 지어 마른 풀로 둥지를 틀고 한 번에 4~5개의 알을 낳는다. 8월 말쯤에는 어린 새끼와 함께 번식지를 떠나 바다 생활을 한다.

바다제비
Oceanodroma monorhis

슴새목 바다제비과. 여름철새이며 몸길이는 20cm 정도이다. 암수 모두 온몸이 암갈색이다. 땅굴을 파거나 슴새의 낡은 땅굴을 이용하여 둥지를 마련한다. 산란기는 7~8월이며, 알은 1개 낳는다. 독도 외에도 전라남도 신안군의 일부 섬, 충청남도 서산 앞바다 섬 등지에 무리 지어 생활한다. 바다제비의 서식지는 모두 천연기념물 보호구역이다.

슴새
Calonectris leucomelas

슴새목 슴새과. 우리나라에서 드물게 번식하는 여름철새로, 바다에서 무리 지어 생활한다. 암컷과 수컷 모두 이마에서 뒷머리까지 검은 갈색이고 목, 어깨깃은 어두운 갈색이다. 깃털 가장자리는 모두 흰색이다. 6~7월에 1개의 알을 낳는다. 둥지는 땅속에 터널 모양으로 구멍을 파서 만드는데, 해마다 같은 구멍을 이용하기도 한다.

진홍가슴
Luscinia calliope

참새목 딱새과. 개마고원에서는 작은 무리가 번식하는 여름새이지만 우리나라 중부, 남부지방에서는 봄과 가을에 작은 무리들이 지나가는 나그네새이다. 중국, 대만, 필리핀 등에서 겨울을 지낸다. 단독 또는 암수가 함께 생활한다. 알은 6~8월에 3~5개씩 낳는다. 곤충류와 각종 열매를 즐겨 먹는다.

흑비둘기
Columba janthina Temminck

비둘기목 비둘기과. 멸종위기 야생동물 2급. 제주도와 남해안의 일부 섬에서는 텃새로 서식하지만 울릉도와 독도에는 여름철새로 찾아온다. 몸길이는 약 40cm이며, 암수 모두 광택이 있는 보라색을 띤다. 2월 말부터 숲에 둥지를 만들며, 알은 보통 1개를 낳는다. 후박나무나 동백나무를 좋아한다.

뿔쇠오리
Synthliboramphus wumizusume

도요목 바다오리과. 멸종위기 야생동물 2급으로 우리나라 제주도, 독도 등 일부 섬에서 번식하는 텃새이다. 몸길이는 약 24cm이며, 머리에 짧은 뿔깃이 있다. 5~10마리가 무리를 지어 바다에서 헤엄치고 잠수하며 작은 물고기를 잡아먹는다. 주로 바다에서 생활하고 번식기인 3~6월에만 육지에 올라온다.

물수리
Pandion haliaetus

매목 수리과. 멸종위기 야생동물 2급으로 나그네새 또는 겨울철새이다. 남아메리카를 제외한 전 세계에 50만 개체가 살고 있다. 몸길이는 약 54~64cm이다. 암수의 색상이 비슷하다. 등과 날개 윗면은 흑갈색이고 머리 윗부분과 몸 아랫면은 흰색이다. 해안, 저수지 또는 큰 하천가에 살면서 주로 물고기를 잡아먹는다.

해송
Myriopathes japonica

바다의 소나무라는 뜻의 이름을 가진 해송은 소나무처럼 흰 가지를 뻗는 산호의 일종이다. 우리나라에서는 난류의 영향을 받은 제주도와 거문도 거제도 앞바다에 있는 홍도, 을릉도와 독도 해역에서 서식한다. 천연기념물 465호로 지정돼 보호받고 있으며, 울릉도와 독도에서 발견되는 해송은 제주도 연안에서 자라는 것과는 다른 종으로 알려져 있다.

대황
Eisenia bicyclis (Kjellman) Setchell

여러해살이 갈조류. 미역이나 다시마처럼 먹을 수 있다. 요오드, 칼륨 등의 무기질을 다량 함유하고 있고, 한의학에서는 약재로도 사용한다. 울릉도와 독도의 암반 지역 가운데 조간대 하부와 조대 상부에서 바다숲을 구성하는 중요한 해조류이다. 최근 환경 변화로 개체수가 급격히 줄어들고 있어 대책이 필요하다.

감태
Ecklonia cava Kjellman in Kjellman & Pedersen

울릉도와 독도를 포함한 동해안과 제주도 남해안에 퍼져 있는 여러해살이 갈조류. 난류성 해조류로 섬 지역 해안에서 바다숲을 이룬다. 독도의 감태 군락은 아직 크게 줄지 않았지만 해안 환경 변화와 파괴로 매년 조금씩 줄고 있다. 다시 회복될 때까지 장기적인 관찰과 보호가 필요하다. 감태는 약재 원료로 이용되기도 한다.

돌기해삼
Apostichopus japonicus

순수목 돌기해삼과. 우리나라 모든 연안에서 발견되는 극피동물이다. 몸 색깔은 흑갈색, 녹갈색, 붉은색 등 다양하고 표면에는 크고 작은 돌기가 있다. 크기는 20cm 정도이다. 천천히 바닥을 기듯이 움직이면서 바다 밑바닥 퇴적물을 걸러 먹는다. 모래와 진흙, 조개 껍데기가 섞인 곳 등 환경을 가리지 않고 서식한다. 독도 연안에 서식하는 것은 붉은색을 띤다.

홍합
Mytilus coruscus Gould

사람들이 즐겨 먹는 식용 조개류로 우리나라 모든 연안에서 볼 수 있다. 해류의 흐름이 강하고 물이 맑은 곳에 산다. 최대 크기는 18cm에 이른다. 껍질이 두껍고 단단해 연안에서 흔히 볼 수 있는 진주 담치와 구분된다. 독도 연안에서는 수심 5~30m 정도인 암반 조하대에 집단으로 서식한다.

소라
Turbo cornutus Lightfoot

고동류의 일종으로 우리나라 모든 연안에서 만날 수 있다. 껍데기 표면에는 강한 돌기가 발달하는데 해역에 따라 돌기 크기가 다르다. 파도가 세고 물 흐름이 빠른 곳일수록 돌기가 길다. 야행성이 강해 낮에는 바위 틈에 모여 숨어 있다가 밤이 되면 먹이활동을 한다. 전복과 함께 고급 수산생물로 꼽히는데, 독도 연안에 풍부하게 서식한다.

문어
Enteroctopus dofleini Wulker

문어목 문어과의 연체동물. 태평양 북부에 널리 분포하며 우리나라에서는 동해와 남해에 산다. 바깥 바다의 수중 암초나 섬 주변 수심 10~100m 정도의 암반 조하대에서 산다. 울릉도와 독도, 경북 울진 왕돌초 부근에서는 다리 길이를 포함한 몸통 길이가 2.5m에 이르는 대형 문어가 발견되기도 한다.

돌돔
Oplegnathus fasciatus

농어목 돌돔과. 우리나라 연안의 암초 지대에 사는 물고기로, 따뜻한 바다를 좋아하고, 몸길이는 보통 30~50cm 정도인데 간혹 70cm까지 자리기도 한다. 어릴 때는 노란색 바탕에 7줄의 검은 띠 무늬가 뚜렷한데 자라면서 희미해진다. 주둥이는 끝이 뾰족한 새부리 모양이며, 이빨이 강해 껍질이 단단한 조개, 고둥, 성게 등을 부숴 먹는다.

파랑돔
Pomacentrus coelestis Jordan and Starks

농어목 자리돔과. 코발트빛을 띠는 긴 타원형 몸을 지녀 수족관에서도 인기가 높은 물고기다. 배 쪽과 뒷지느러미 뒷부분 그리고 꼬리지느러미가 밝은 노란색이다. 몸길이는 7~8cm이고 수심 20m 내외 바다에서 무리 지어 산다. 해조류와 동물성 플랑크톤을 먹는다. 인도양, 태평양 등 열대 해역, 일본 남부 해역, 우리나라 울릉도, 독도에서 서식한다.

줄도화돔
Apogon semilineatus Temminck and Schlegel

농어목 동갈돔과. 연분홍색의 긴 타원형 몸을 가졌으며, 눈을 지나는 검은색 띠가 있다. 크기는 10cm 정도이며, 연안 암초와 산호초 지대에 떼를 지어 산다. 한여름 암수가 짝을 지어 알을 낳는데 산란이 끝나면 수컷이 수정란을 입에 넣어 부화시킨다. 여름에는 남해 여수부터 동해안 속초 앞바다까지 떼를 지어 나타난다.

자리돔
Chromis notata

농어목 자리돔과. 제주도 특산 어종으로, 남해안 일부 섬과 울릉도, 독도 등 난류의 영향을 받는 따뜻한 바다에도 나타난다. 몸길이 10cm 정도의 작은 물고기로 몸은 흑갈색이고 비늘이 크고 꼬리에 흰 점이 있다. 무리를 지어 서식하며 동물성 플랑크톤을 먹고 산다. 여름철에 알을 낳는데, 어미가 알을 지키는 습성이 있다.

나가사끼자리돔
Pomacentrus nagasakiensis Tanaka

농어목 자리돔과. 일본 나가사끼 지역에서 처음 발견돼 붙여진 이름이다. 제주도 문섬 연안 암초가 발달된 곳에 서식하며 울릉도 연안에서도 발견되었다. 몸은 타원형이며 납작하다. 전체적으로 아름다운 군청색으로 8~10cm까지 자란다. 등지느러미 뒤쪽에 검은색 점이 있다. 주둥이는 짧고 약간 둥글다.

혹돔
Semicossyphus reticulatus

농어목 놀래기과. 늙은 수컷 윗머리에 혹이 있어 혹돔이라고 부른다. 납작하고 긴 타원형 몸에 대체로 붉은빛을 띠고 어릴 때는 몸 옆면 중앙에 흰색 세로 띠가 있지만 자라면서 없어진다. 위아래 턱에 굵고 강한 송곳니가 듬성듬성 발달해 소라나 고둥과 같은 단단한 먹이도 먹을 수 있다. 혹돔은 주로 낮에 활동하고 밤이 되면 바위 틈이나 굴속에서 잠을 잔다.

세줄가는돔
Pterocaesio trilineata Carpenter

농어목 세줄가는돔과. 몸에 세 줄의 띠를 지녔고 최대 20cm까지 자란다. 태평양, 인도양에서 사는 열대 어종인데, 2008년 독도 혹돔굴에서 수십 마리가 무리 지어 있는 것이 최초로 발견됐다. 학자들은 소형 어류들이 난류를 따라 독도 연안까지 올라오는 것으로 추측하고 있다.

청줄돔
Chaetodontoplus septentrionalis

농어목 청줄돔과. 몸길이 약 25cm이다. 몸은 달걀 모양이고 옆으로 납작하다. 몸은 황갈색이며 옆구리에는 7~10줄의 선명한 검은색 테두리를 가진 푸른색 세로줄이 있다. 수심 5~15m 연안의 돌이나 암초로 된 지역에 서식한다. 보통 수컷 1마리와 암컷 여러 마리가 작은 무리를 이룬다.

청황베도라치
Springerichthys bapturus

농어목 먹도라치과. 몸길이가 약 6~7cm인 난류성 물고기이다. 남해안과 제주도 연안 바위 지대에서 서식하는 온대성 어종으로 1997년 독도 탐사에서 처음으로 발견됐다. 몸과 머리는 납작하고, 녹갈색 바탕에 작고 어두운 반점이 흩어진 무늬를 가졌다. 꼬리지느러미는 검은색을 띤다.

다섯줄얼게비늘
Ostorhinchus cookii

농어목 동갈돔과. 연안 주변의 암초와 산호초에 서식한다. 몸길이는 8cm 정도이다. 몸에는 암갈색의 띠가 5줄 있으며, 꼬리에 둥글고 검은 점이 있다. 작은 이빨이 있으나 송곳니는 없다. 독도에 서식하며, 세계적으로는 일본, 중국, 대만, 베트남, 인도네시아, 호주, 동아프리카에 분포한다.

뚝지
Aptocyclus ventricosus

쏨뱅이목 도치과. 동해에서 베링해까지의 깊은 바다에 널리 분포하는 한대성 어류. 몸은 녹갈색 바탕에 불규칙한 검은색 점이 흩어져 있다. 배지느러미가 변형된 흡반을 갖고 있다. 겨울이 되면 산란을 위해 얕은 연안으로 몰려 나와 해조류 줄기에 공 모양의 알덩이를 붙인다. 몸길이는 최대 35㎝에 이른다.